Geirlyfr y Lolfa Wordbook

Yr Arddodiaid

A comprehesive collection of Welsh Prepositions

D. Geraint Lewis

Argraffiad cyntaf: 2021

© Hawlfraint D. Geraint Lewis a'r Lolfa Cyf., 2021

Mae hawlfraint ar gynnwys y llyfr hwn ac mae'n anghyfreithlon llungopïo neu atgynhyrchu unrhyw ran ohono trwy unrhyw ddull ac at unrhyw bwrpas (ar wahân i adolygu) heb gytundeb ysgrifenedig y cyhoeddwyr ymlaen llaw

Cynllun y clawr: Richard Huw Pritchard

Rhif Llyfr Rhyngwladol: 978-1-80099-151-4

Cyhoeddwyd ac argraffwyd yng Nghymru
ar bapur o goedwigoedd cynaliadwy gan
Y Lolfa Cyf., Talybont, Ceredigion SY24 5HE
e-bost ylolfa@ylolfa.com
gwefan www.ylolfa.com
ffôn 01970 832 304
ffacs 01970 832 782

Rhagair: *Foreword*

Wrth lunio *Geiriadur Cymraeg Gomer* fe ddaeth yn amlwg imi fod defnydd yr arddodiaid yn Gymraeg yn llawer mwy cymhleth na'r hyn a dybiais cyn hynny.

Mae'r gyfrol wreiddiol ond yn ymwneud ag arddodiaid a'u trefn yn dilyn berfau, yma, ychwanegir at y rhain restr gynhwysfawr o ymadroddion arddodiadol. Cynhwysir rhestr gynhwysfawr (ddwyieithog) o'r ymadroddion hyn.

1. ceir ymadroddion arddodiadol syml:
   am ddim; ar adegau; at alw; dan anfantais; drwy lwc; er enghraifft; ers tro; gyda llaw; heb fesur; hyd byth; i'r dim; o chwith; rhag ofn; rhwng dau feddwl; tan gwmwl; trwy'r trwch; tua thre'; wrth gefn; yn sgil

2. Mae rhai arddodiaid yn cael eu rhedeg, mae'r pennill bach
   am, ar, at
   dros, drwy, dan
   heb, i, o
   hyd, wrth, gan

   yn ddefnyddiol i gofio nid yn unig fod y rhain yn cael eu rhedeg ond eu bod hefyd yn sbarduno **treiglad meddal**

3. Mae'r rhain yn gallu cynhyrchu:
   ymadroddion sefydlog: *mynd amdani; rhoi'r gorau iddi*
   Arddodiaid cyfansawdd syml: *o flaen, o'm (o'th, o'i) blaen*
   Arddodiaid cyfansawdd cymhleth: *ohonof fy (dy hunan; eu hunain)*

4. Y defnydd amlaf o arddodiaid yw'r rhai sy'n dilyn berf ac fe gewch restr o'r berfau a'u harddodiaid yn seiliedig ar *y Gweiadur* yn rhan olaf y gyfrol.

While compiling *Geiriadur Cymraeg Gomer* it became increasingly clear to me that prepositions behave differently in Welsh. The original edition dealt only with verbal prepositions. This edition contains a comprehensive bilingual list of Prepositional phrases.

All the Welsh prepositions that conjugate are conjugated here. Unlike verb conjugation prepositions have a separate form for the 3rd Person <u>feminine</u> singular.

These conjugated prepositions form the basis of:
simple prepositional phrases *am ddim* (free of charge); *ar adegau* (at times); *at alw* (for use); *dan anfantais* (disadvantaged); *drwy lwc* (luckily)

fixed phrases *mynd amdani* (go for it); *rhoi'r gorau iddi* (give up)

simple compound phrases *o flaen, o'm (o'th, o'i) blaen* (before me, you, him, her etc.)

complex compound phrases *ohonof fy (dy hunan; eu hunain)* (for me, for us)

Prepositions are most commonly used following verbs to denote relationships: *I sat **in** the car; **on** the car; **under** the car* etc. The last section of the book includes a comprehensive list of verbs and their prepositions.

Diolchiadau

'Wrth eu harddodiaid y'u hadnabyddir hwy'
Athro R.M. (Bobi) Jones am Gymry Cymraeg

Rwy'n ddyledus i'r Lolfa am eu parodrwydd i gyhoeddi fersiwn cwbl newydd o'm cyfrol flaenorol *Pa Arddodiad: A check-list of Welsh Prepositions* ac am eu gofal manwl wrth baratoi'r testun i'w gyhoeddi. Fy eiddo i yw unrhyw fefl a erys.

D. Geraint Lewis
Llangwrddon

â

am
amdanaf fi/ amdana i amdanom/amdanon ni
amdanat ti amdanoch chi
amdano ef (fe/fo) amdanyn nhw (*amdanynt hwy*)
amdani hi

ar
arnaf fi/ arna i arnom/arnon ni
arnat ti arnoch chi
arno ef (fe/fo) arnyn nhw (*arnynt hwy*)
arni hi

at
ataf fi/ata i atom ni/aton ni
atat ti atoch chi
ato ef (fe/fo) atyn nhw (*atynt hwy*)
ati hi

dan:tan
danaf fi/dana i dano/danon ni
danat ti danoch chi
dano ef (fe/fo) danyn nhw (*danynt hwy*)
dani hi

dros:tros
drosof fi/drosto i drosom/droston ni
drosot ti/drostot ti drosoch chi
drosto ef (fe/fo) drostyn nhw (*drostynt hwy*)
drosti hi

drwy gw. trwy

er
erof fi
erot ti
erddo ef (fe/fo)
erddi hi

erom ni
eroch chi
erddynt hwy (erddyn nhw)

fel

gan
gennyf fi/gen i
gennyt ti/gen ti
ganddo ef (fe/fo)
ganddi hi

gennym/gennyn/gynnon ni
gennych/gynnoch chi
ganddyn nhw (*ganddynt hwy*)

gerbron
ger fy mron
ger dy fron
ger ei fron
ger ei bron

ger ein bron
ger eich bron
ger eu bron

gerfydd

gerllaw
ger fy llaw
ger dy law
ger ei law
ger ei llaw

ger ein llaw
ger eich llaw
ger eu llaw

gydol

heb
hebof fi/hebddo i   hebom/hebddon ni
hebot ti/hebddot ti   heboch/hebddoch chi
hebddo ef (fe/fo)   hebddyn nhw (*hebddynt hwy*)
hebddi hi

heibio (i)

hyd
-

-

hyd-ddo ef (fe/fo)   hyd-ddynt hwy (hyd-ddyn nhw)
hyd-ddi hi

i
i mi, i fi   i ni
i ti   i chi
iddo ef/fe/fo   iddyn nhw (*iddynt hwy*)
iddi hi

i heb bwyslais ar 'fi' 'ti' etc.
imi   inni
iti   ichi
iddo   iddynt
iddi

islaw
is fy llaw   is ein llaw
is dy law   is eich llaw
is ei law   is eu llaw
is ei llaw

megis

mo
mohonof/mono fi mohonom/monon ni
mohonot/monot ti mohonoch/monoch chi
mohono/mono ef (fe/fo) mohonyn nhw (*mohonynt hwy*)
mohoni/moni hi

o
ohonof fi/ohono i ohonom/ohonon ni
ohonot ti ohonoch chi
ohono ef (fe/fo) ohonyn nhw (*ohonynt hwy*)
ohoni hi

oblegid
o'm plegid o'n plegid
o'th blegid o'ch plegid
o'i blegid o'u plegid
o'i phlegid

o dan
odanaf fi/odana i odanom/odanon ni
odanat ti odanoch chi
odano ef (fe/fo) odanynt hwy (odanyn nhw)
odani hi

oddeutu
o'm deutu o'n deutu
o'th ddeutu o'ch deutu
o'i ddeutu o'u deutu
o'i deutu

ogylch

o'm cylch
o'th gylch
o'i gylch
o'i chylch
o'n cylch
o'ch cylch
o'u cylch

oherwydd

o'm herwydd
o'th herwydd
o'i herwydd (ef)
o'i herwydd (hi)
o'n herwydd
o'ch herwydd
o'u herwydd

rhag

rhagof fi/rhagddo i
rhagot ti/rhagddot ti
rhagddo ef (fe/fo)
rhagddi hi
rhagom/rhagddon ni
rhagoch/rhagddoch chi
rhagddyn nhw (*rhagddynt hwy*)

rhwng

rhyngof fi/rhyngo i
rhyngot ti
rhyngddo ef (fe/fo)
rhyngddi hi
rhyngom/rhyngon ni
rhyngoch chi
rhyngddyn nhw (*rhyngddynt hwy*)

tan:dan

tanaf fi/tana i
tanat ti
tano ef (fe/fo)
tani hi
tanom/danon ni
tanoch chi
tanyn nhw (*danynt hwy*)

tros:dros
trosof fi
trosot ti
trosto ef (fe/fo)
trosti hi

trosom ni
trosoch chi
trostynt hwy (trostyn nhw)

trwy:drwy
trwof fi/trwyddo i
trwot ti/trwyddot ti
trwyddo ef (fe/fo)
trwyddi hi

trwom/trwyddon ni
trwoch/trwyddoch chi
trwyddyn nhw (trwyddynt hwy)

trwy gydol

tua

tuag at

uwchben
uwch fy mhen
uwch dy ben
uwch ei ben
uwch ei phen

uwch ein pennau
uwch eich pennau
uwch eu pennau

uwchlaw (i)

wedi

wrth
wrthyf fi/wrtho i
wrthyt ti/wrthot ti
wrtho ef (fe/fo)
wrthi hi

wrthym/wrthon ni
wrthych/wrthoch chi
wrthyn nhw (*wrthynt hwy*)

ynghanol
                  yn ein canol
                  yn eich canol
                  yn eu canol

ynghylch
yn fy nghylch   yn ein cylch
yn dy gylch   yn eich cylch
yn ei gylch   yn eu cylch
yn ei chylch

ymhen

ymhlith
                  yn ein plith
                  yn eich plith
                  yn eu plith

ymysg
                  yn ein mysg
                  yn eich mysg
                  yn eu mysg

yn:yng:ym
ynof fi/yno i   ynom/ynon ni
ynot ti   ynoch chi
ynddo ef (fe/fo)   ynddyn nhw (*ynddynt hwy*)
ynddi hi

Ymadroddion arddodiadol

am (yn) hir	this long time
am ba reswm	for whatever reason
am byth	forever
am dâl	for a fee
am ddim	free
am fy (dy, ei, etc.) mhoen	for my trouble
am fy (dy, ei, etc.) mywyd	for my life
am fy (dy, ei, etc.) ngwaed	(out) for my blood
am fyr dro	quickly
am hydoedd	for ages
am hynny	as for that
am ryw hyd	for some time
am wn i	as far as I know
am y . . . â	the other side of
am y cyntaf	first to
am y gorau	as best you can
am y pared	the other side of the wall
am y tro	for the time being
am yn ôl	backward
ar adain	on the wing
ar adegau	at times
ar agor	open
ar amrantiad	in a twinkling
ar amser	on time

ar antur	taking a chance
ar awr wan	in a moment of weakness
ar bapur	in black and white
ar ben fy (dy, ei, etc.) nigon	satisfied
ar ben fy (dy, ei, etc.) **mhen** fy hun	on my own
ar bigau'r drain	on tenterhooks
ar binnau	on pins
ar bob cyfrif	by all means
ar brydiau	at times
ar bwys fy (dy, ei, etc.) **mhwys**	beside me
ar chwâl	scattered
ar dafod leferydd	the word is
ar daith	on a journey
ar dân	on fire
ar draws fy (dy, ei, etc.) **nhraws**	across
ar ddamwain	accidentally
ar ddarfod	on the way out
ar ddechrau	about to begin
ar ddelw	the image of
ar ddifancoll	utterly lost
ar ddiwedd	the end
ar ddod	about to come
ar ddu a gwyn	in black and white
ar ddyletswydd	on duty
ar derfyn	at the end
ar dir y byw	in the land of the living
ar drai	ebbing

ar draul	at the cost of
ar drawiad amrant	in the blink of an eye
ar dro	afoot
ar droed	on foot
ar drothwy	on the verge of
ar ei brifiant	growing
ar ei hôl hi	behind
ar fedr	on the point of
ar fenthyg	on loan
ar fin	about to
ar flaen fy nhafod	on the tip of my tongue
ar flaen y gad	in the van
ar flaenau fy (dy, ei, etc.) mysedd	at the tips of my fingers
ar flaenau fy (dy, ei, etc.) nhraed	on tip toe
ar fwrdd	on board
ar fy (dy, ei, etc.) nhraws	interrupt
ar fy (dy, ei, etc.) ochr	on my side
ar fy (dy, ei, etc.) elw	profit from
ar fy (dy, ei, etc.) ffordd	on my way
ar fy (dy, ei, etc.) hyd	full length
ar fy (dy, ei, etc.) hynt	on my way
ar fy (dy, ei, etc.) liwt fy (dy, ei, etc.) hun	on my own
ar fy (dy, ei, etc.) llw	I swear
ar fy (dy, ei, etc.) meddwl	on my mind
ar fy (dy, ei, etc.) mhedwar	on all fours

ar fy (dy, ei, etc.) mhen fy (dy, ei, etc.) hun	on my own
ar fy (dy, ei, etc.) mhwys	in my own good time
ar fy (dy, ei, etc.) newydd wedd	in its new guise
ar fy (dy, ei, etc.) nghanfed	a hundredfold
ar fy (dy, ei, etc.) ngholled	out of pocket
ar fy (dy, ei, etc.) nghyfer	rashly
ar fy (dy, ei, etc.) nghyfyl	near me
ar fy (dy, ei, etc.) ngorau	at my best
ar fy (dy, ei, etc.) ngorwedd	lying down
ar fy (dy, ei, etc.) nhomen fy hun	on my own patch
ar fy (dy, ei, etc.) nwylo	on my hands
ar fy (dy, ei, etc.) ôl	after me
ar fy (dy, ei, etc.) uchelfannau	in high spirits
ar fy (dy, ei, etc.) union	directly
ar fy hyd	full length
ar fy ngwir	truly
ar fyr o dro	in a short while
ar fyr o eiriau	in brief
ar fyrder	in brief
ar ffrwst	full fuss
ar ffurf	in the shape of
ar gadw	put by
ar gael	available
ar gam	unfairly
ar ganol	in the middle
ar garlam	full tilt

ar gau	shut
ar gefn	on the back of
ar gefn fy (dy, ei, etc.) ngheffyl	on my high horse
ar gerdded	wanders off
ar glawr	available
ar glo	locked
ar goel	on credit
ar gof a chadw	well known
ar goll	lost
ar golled	at a loss
ar gorn	at the expense of
ar gownt	on account of
ar grwydr	wandering
ar gychwyn	about to start
ar gyfartaledd	on average
ar gyfer fy (dy, ei, etc.) nghyfer	for
ar gyfyl fy (dy, ei, etc.) nghyfyl	near
ar gynnydd	increasing
ar gyrion	on the outskirts
ar hanner	on half
ar hap a damwain	accidentally
ar hyd	along
ar hyd ac ar led	widespread
ar hyn o bryd	at the moment
ar hynny	just then
ar i fyny	on the up and up
ar i waered	down
ar lafar	colloquially

ar lawr	on the ground
ar led	widespread
ar lein	on line
ar log	on hire
ar lun a delw	in the image of
ar lw	on oath
ar ofyn	to request
ar ogwydd	aslant
ar ôl fy (dy, ei, etc.) (h)ôl	behind
ar osod	to let
ar ran	on behalf of
ar ras wyllt	in a tearing hurry
ar unrhyw gyfrif	on any account
ar unwaith	at once
ar wahân	separately
ar waith	on the go
ar wasgar	scattered
ar warthaf fy (dy, ei, etc.) ngwarthaf	on my back
ar werth	for sale
ar wib	hurtling
ar y brig	on the crest
ar y clwt	out of work
ar y cyd	jointly
ar y cyfan	on the whole
ar y dôl	on the dole
ar y domen	cast aside
ar y ffordd	on the way

ar y gair	instantly
ar y gorau	at best
ar y gweill	in hand
ar y munud/funud	at the minute
ar y naw	extremely
ar y pryd	at the time
ar y tro	in turn
ar ymyl	on the verge of
ar yn ail	every other
ar yr olwg gyntaf	at first glance
ar yr un gwynt	in the same breath
ar yr wyneb	on the surface
at alw	for use
at ei gilydd	generally
at fy (dy, ei, etc.) nant	toothsome
at hynny	in addition
at wasanaeth	at the service of
dan adain	under the wing
dan anfantais	disadvantaged
dan ddylanwad	under the influence
dan deimlad	with feeling
dan din	underhand
dan do	indoors
dan draed	under foot
dan fawd	under the thumb
dan fy (dy, ei, etc.) nhrwyn	under my nose
dan ganu	while singing
dan gêl	hidden

dan gochl	cloaked
dan lach	under the lash
dan nawdd	sponsored
dan ofal	in the care of
dan y dywarchen	buried
dan y sawdl	under the heel
dan ystyriaeth	under consideration
dros ben	over
dros ben llestri	over the top
dros dro	temporarily
dros fy (dy, ei, etc.) mhen a'm (th, i, etc.) clustiau	head over heels
dros fy (dy, ei, etc.) nghrogi	I'll be hanged if I will
drosodd a thro	over and over
drwy ddrws y cefn	by the back door
drwy drugaredd	mercifully
drwy eu crwyn	in their skins (vegetables)
drwy fabwysiad	by adoption
drwy fodd	voluntarily
drwy groen fy (dy, ei, etc.) nannedd	by the skin of my teeth
drwy laeth	milky (coffee)
drwy law	via
drwy lwc	luckily
drwy wybod i mi	as far as I know
drwy'r amser	all the time
er anrhydedd	honorary
er bodd	to satisfy
er clod i	to his credit

er cof	in memoriam
er coffa	in memoriam
er dim	for any price
er enghraifft	e.g.
er gwaeth	despite
er gwaethaf fy (dy, ei, etc.) ngwaethaf	despite
er gwell er gwaeth	for better or for worse
er hyn	in spite of
er lles	for the benefit
er mwyn fy (dy, ei, etc.) mwyn	in order to
er y byd	(not) for the world
ers achau	for ages
ers cetyn	for a while
ers cyn cof	from time immemorial
ers hydoedd	for ages
ers llawer dydd	this many a long day
ers meitin	for some time
ers talwm	in the old days
ers tro byd	this long time
gan amlaf	for the most part
gan bwyll	steady on
gan bwyll bach	carefully
gan hynny	therefore
gan mwyaf	generally
gyda hyn	whereupon
gyda hynny	whereupon
gyda llaw	by the way

gyda lwc	with a bit of luck
gyda throad y post	by return of post
gyda'i gilydd	together
gyda'r hwyr	at eventide
gyda'r nos	at night
heb fesur	immeasurable
heb flewyn ar dafod	straight out
heb fod nac oer na brwd	apathetic
heb fod uwch bawd na sawdl	amounting to nothing
heb fod yn fêl i gyd	not a bed of roses
heb fod yn fi fy (dy, ei, etc.) hun/hunan	not myself
heb fod yn llawn llathen	not all there
heb fod yn yr un cae â (rhywun)	not a patch on
heb fy (dy, ei, etc.) ail	second to none
heb os nac oni bai	without doubt
heb sôn am	not to mention
heb yn wybod i	unbeknown to
hyd at y bôn	to the hilt
hyd byth	forever
hyd heddiw	to this day
hyd hynny	until then
hyd nes	until
hyd oni	until
hyd y diwedd	ultimately
hyd y gwelaf i	as far as I see
hyd y gwn i	as far as I know
hyd yma	until now

hyd yn dragywydd	forever
hyd yn hyn	up to now
hyd yn oed	even
i blith i'n (i'ch, i'w) plith	into the midst
i bob golwg	to all appearances
i bwrpas	for a purpose
i drwch y blewyn	to a hairsbreadth
i ffwrdd	away
i fyny	up
i fysg i'n (i'ch, i'w) mysg	into the midst
i gyd	all
i lan/lan	up
i lawr	down
i maes	out
i mewn	in
i waered	down
i'r blewyn	meticulously
i'r carn	to the hilt
i'r dim	perfect
i'r gad	into the fray
i'r munud/funud	to the minute
i'r naill ochr	to one side
o amgylch o'm (o'th, o'i etc.) hamgylch	around
o bant i bentan	everywhere
o barchus goffadwriaeth	of blessed memory
o bawb	of all people
o bell ffordd	by far

o ben bwygilydd	from end to end
o bethau'r byd	of all things
o blaid o'm (o'th, o'i etc.) plaid	in favour of
oblegid o'm (o'th, o'i etc.) plegid	because of
o blith o'n (o'ch, o'u) plith	from amidst
o bob lliw a llun	all shapes and sizes
o boptu o'm (o'th, o'i etc.) poptu	around
o bryd i'w gilydd	from time to time
o bwrpas	on purpose
o bwys	of import
o chwith	back to front
o dan iau	beholden to
o dan yr amgylchiadau	under the circumstances
oddeutu o'm (o'th, o'i etc.) deutu	about
oddieithr	except
o ddiffyg	due to the lack of
o ddigon	enough
o ddrwg i waeth	from bad to worse
o ddyfnder calon	from the depths of my heart
o dow i dow	leisurely
o dragwyddol bwys	of eternal significance
o dras	pedigree
o dro i dro	from time to time
o drwch asgell gwybedyn	hairsbreadth
o drwch blewyn	hairsbreadth
o du ei dad	on his father's side
o eigion calon	from the depths of my heart

o fantais	advantageous
o fewn o'm (o'th, o'i etc.) mewn	within
o flaen o'm (o'th, o'i etc.) blaen	before
o fore gwyn tan nos	from morn to night
o fri	renowned
o fwriad	on purpose
o fysg o'n (o'ch, o'u) mysg	from among
o gam i gam	step by step
o glust i glust	from ear to ear
o gwbl	at all
o gwmpas o'm (o'th, o'i etc.) cwmpas	surrounding
o gylch	around
oherwydd o'm (o'th, o'i etc.) herwydd	because of
o hil	of long lineage
o hyd	all the time
o hyd braich	at arm's length
o hyn allan	from now on
o hyn ymlaen	from now on
o law i law	second hand
o leiaf	at least
o ran o'm (o'th, o'i etc.) rhan	with regard to
o ran hynny	with regard to that
o rod i rod	from one generation to the next
o waed coch cyfan	full blooded
oddi allan	from outside
oddi ar	since
oddi cartref	away

oddi draw	from the other side
oddi fry	above
oddi isod	from below
oddi mewn	within
oddi tanaf fi (tanat ti, tano ef, etc.)	beneath me
oddi uchod	from above
oddi wrthyf fi (wrthyt ti, wrtho ef, etc.)	from me
oddi yma	from here
ohonof fy (dy, ei, etc.) hun/ hunan	for my part
o'i gwr/chwr	from his/her point of view
o'i le	out of place
o'm (o'th, o'i, etc.) bodd	satisfied
o'm (o'th, o'i, etc.) pen a'm (a'th, a'i, etc.) pastwn	all on mwy own
o'm (o'th, o'i, etc.) hachos	because of me
o'r badell ffrio i'r tân	from the frying pan into the fire
o'r bawd (or fawd) i'r genau	from hand to mouth
o'r blaen	previously
o'r bôn i'r brig	top to bottom
o'r braidd	scarcely
o'r bron	completely
o'r corun i'r sawdl	from head to toe
o'r cychwyn cyntaf	from the very beginning
o'r dechrau un	from the very beginning
o'r dechrau yn deg	from the very start
o'r diwedd	at last
o'r frest	spontaneously

o'r gloch	o'clock
o'r golwg	out of sight
o'r gorau	very well
o'r gwraidd	rooted
o'r hanner	by half
o'r iawn ryw	pedigree
o'r llaw i'r genau	from hand to mouth
o'r neilltu	to one side
o'r newydd	anew
rhag blaen	immediately
rhag fy (dy, ei, etc.) nghywilydd	for shame
rhag ofn	in case
rhwng bodd ac anfodd	half-heartedly
rhwng dau feddwl	in two minds
rhwng dau olau	at dusk
rhwng difrif a chwarae	half in jest
rhwng fy (dy, ei, etc.) nwylo	between my fingers
rhwng gwyll a gwawl	from dusk to dawn
rhyngddo ac ef ei hun/hunan	it's up to him
rhyngoch chi a fi a'r wal	between you, me and the wall
rhyngoch chi a'ch cawl	it's up to you
rhyngoch chi a'ch potes	it's up to you
rhyngot ti a mi a'r pared	between you, me and the wall
tan gamp	excellent
tan gwmwl	under a cloud
tan ofal	in care
trwy deg	by fair means

trwy'r trwch	all mixed in
tua thre	homeward
uwchben fy (dy, ei, etc.) nigon	more than satisfied
uwchlaw pob dim	above all
wedi hynny	after that
wedi'r cwbl	after all
wedi'r cyfan	after all
wrth angor	at anchor
wrth draed (athro)	at the feet of
wrth fodd calon	pleased
wrth fy (dy, ei, etc.) mhenelin	to hand
wrth fy (dy, ei, etc.) mhwysau	in my own good time
wrth fy (dy, ei, etc.) modd	delighted
wrth fy (dy, ei, etc.) nghwt	on my tail
wrth fynd heibio	in passing
wrth gefn	in reserve
wrth gwrs	of course
wrth law	to hand
wrth lwc	luckily
wrth natur	naturally
wrth raid	according to need
wrth reddf	intuitively
wrth reswm	of course
wrth wraidd	at the root of
wrth y drws	by the door
wrth y llyw	steering
wrth yr olwyn	at the wheel
wrthyf fy hun	to myself

yn fy (dy, ei, etc.) amser fy hun	in my own good time
yn fy (dy, ei, etc.) anterth	in my prime
yn fy (dy, ei, etc.) elfen	in my element
yn fy (dy, ei, etc.) erbyn	against me
yn fy (dy, ei, etc.) iawn bwyll	compos mentis
yn fy (dy, ei, etc.) lle	in my place
yn fy (dy, ei, etc.) llawn hwyliau	in high spirits
yn fy (dy, ei, etc.) marn i	in my opinion
yn fy (dy, ei, etc.) myw	for the life of me
yn fy (dy, ei, etc.) nagrau	in tears
yn fy (dy, ei, etc.) nghwrcwd	squatting
yn fy (dy, ei, etc.) nghwrw	in my cups
yn fy (dy, ei, etc.) nghyfer	rushing ahead
yn fy (dy, ei, etc.) ngolwg i	as I see it
yn fy (dy, ei, etc.) niod	in my cups
yn fy (dy, ei, etc.) nyblau	doubled up
yn fy (dy, ei, etc.) unfan	stuck
yn fy (dy, ei, etc.) ymyl	beside me
yn nannedd	in the teeth of
yn nhoriad fy (dy, ei, etc.) mogail	my gut feeling
yn nhraed fy (dy, ei, etc.) sanau	in my stockinged feet
yn niffyg	given the lack of
yn rhinwedd	by virtue
yn sgil	as a consequence
yn wyneb y gyfraith	fly in the face of the law

yn y bôn	basically
yn wysg	in the wake of
yn y cnawd	in the flesh
yn y diwedd	in the end
yn y fan	eventually
yn y fan a'r lle	in the very place
yn y gwaed	in the blood
yn y gwraidd	basically
yn y pen draw	eventually
yn yr awyr	in the air
yn ystod	during
ynghanol yn ein (eich, eu) canol	in our midst
yng nghlo	locked
yng nghorff y dydd	in daytime
yng nghyflawnder amser	in the fullness of time
yng nghyfraith	in-law
yng nghylch yn ein (eich, eu) cylch	regarding
yng nghysgod	in the shadow of
yng ngyddfau'i gilydd	at each other's throats

Prepositional phrases

a hundredfold	**ar fy (dy, ei, etc.) nghanfed**
about to	**ar fin**
about to begin	**ar ddechrau**
about to come	**ar ddod**
about to start	**ar gychwyn**
above	**oddi fry**
above all	**uwchlaw pob dim**
accidentally	**ar ddamwain**
accidentally	**ar hap a damwain**
advantageous	**o fantais**
afoot	**ar dro**
after all	**wedi'r cwbl**
after all	**wedi'r cyfan**
after me	**ar fy (dy, ei, etc.) ôl**
after that	**wedi hynny**
all	**i gyd**
all mixed in	**trwy'r trwch**
all on my own	**o'm (o'th, o'i, etc.) pen a'm (a'th, a'i, etc.) pastwn**
all shapes and sizes	**o bob lliw a llun**
all the time	**drwy'r amser**
all the time	**o hyd**

along	**ar hyd**
amounting to nothing	**heb fod uwch bawd na sawdl**
anew	**o'r newydd**
apathetic	**heb fod nac oer na brwd**
around	**o amgylch**
around	**o boptu**
around	**o gylch**
as best you can	**am y gorau**
as far as	**o ran**
as far as I know	**am wn i**
as far as I know	**drwy wybod i mi**
as far as I know	**hyd y gwn i**
as far as I see	**hyd y gwelaf i**
as far as that	**o ran hynny**
as for that	**am hynny**
as I see it	**yn fy (dy, ei, etc.) ngolwg i**
aslant	**ar ogwydd**
at a loss	**ar fy (dy, ei, etc.) ngholled**
at a loss	**ar golled**
at all	**o gwbl**
at anchor	**wrth angor**
at arm's length	**o hyd braich**
at best	**ar y gorau**
at dusk	**rhwng dau olau**
at each other's throats	**yng ngyddfau'i gilydd**
at eventide	**gyda'r hwyr**
at first glance	**ar yr olwg gyntaf**
at last	**o'r diwedd**

at least	**o leiaf**
at my best	**ar fy (dy, ei, etc.) ngorau**
at night	**gyda'r nos**
at once	**ar unwaith**
at the cost of	**ar draul**
at the crest	**ar y brig**
at the end	**ar derfyn**
at the expense of	**ar gorn**
at the feet of	**wrth draed (athro)**
at the minute	**ar y munud/funud**
at the moment	**ar hyn o bryd**
at the root of	**wrth wraidd**
at the service of	**at wasanaeth**
at the time	**ar y pryd**
in turn	**ar y tro**
at the tips of my fingers	**ar flaenau fy (dy, ei, etc.) mysedd**
at the wheel	**wrth yr olwyn**
at times	**ar adegau**
at times	**ar brydiau**
available	**ar gael**
available	**ar glawr**
away	**i ffwrdd**
away	**oddi cartref**
back to front	**o chwith**
backward	**am yn ôl**
basically	**yn y bôn**
basically	**yn y gwraidd**

because of me	o'm (o'th, o'i, etc.) hachos
before	o flaen
behind	ar ei hôl hi
behind	ar ôl
beholden to	o dan iau
beneath me	oddi tanaf fi (tanat ti, tano ef, etc.)
between my fingers	rhwng fy (dy, ei, etc.) nwylo
between you, me and the gatepost	rhyngoch chi a fi a'r wal, rhyngoch chi a fi a'r pared
between you, me and the gatepost	rhyngot ti a mi a'r wal, rhyngot ti a mi a'r pared
buried	dan y dywarchen
by adoption	drwy fabwysiad
by all means	ar bob cyfrif
by fair means	trwy deg
by far	o bell ffordd
by half	o'r hanner
by return of post	gyda throad y post
by the back door	drwy ddrws y cefn
by the door	wrth y drws
by the skin of my teeth	drwy groen fy (dy, ei, etc.) nannedd
by the way	gyda llaw
carefully	gan bwyll bach
cast aside	ar y domen
cloaked	dan gochl
colloquially	ar lafar
compos mentis	yn fy (dy, ei, etc.) iawn bwyll

delighted	**wrth fy (dy, ei, etc.) modd**
despite	**er gwaeth**
despite	**er gwaethaf**
directly	**ar fy (dy, ei, etc.) union**
disadvantaged	**dan anfantais**
down	**ar i waered**
down	**i lawr**
down	**i waered**
due to the lack of	**o ddiffyg**
e.g.	**er enghraifft**
ebbing	**ar drai**
enough	**o ddigon**
even	**hyd yn oed**
eventually	**yn y fan**
eventually	**yn y pen draw**
every other	**ar yn ail**
everywhere	**o bant i bentan**
excellent	**tan gamp**
extremely	**ar y naw**
first to	**am y cyntaf**
fly in the face of the law	**yn wyneb y gyfraith**
for	**ar gyfer**
for a fee	**am dâl**
for a purpose	**i bwrpas**
for a while	**ers cetyn**
for ages	**am hydoedd**
for ages	**ers achau**
for ages	**ers hydoedd**

for any price	**er dim**
for better or for worse	**er gwell er gwaeth**
for my life	**am fy (dy, ei, etc.) mywyd**
for my part	**ohonof fy (dy, ei, etc.) hun/ hunan**
for my trouble	**am fy (dy, ei, etc.) mhoen**
for sale	**ar werth**
for shame	**rhag fy (dy, ei, etc.) nghywilydd**
for some time	**am ryw hyd**
for some time	**ers meitin**
for the benefit	**er lles**
for the life of me	**yn fy (dy, ei, etc.) myw**
for the most part	**gan amlaf**
for the time being	**am y tro**
for use	**at alw**
for what reason	**am ba reswm**
forever	**am byth**
forever	**hyd byth**
forever	**hyd yn dragywydd**
free	**am ddim**
from above	**oddi uchod**
from amidst	**o blith**
from bad to worse	**o ddrwg i waeth**
from below	**oddi isod**
from dusk to dawn	**rhwng gwyll a gwawl**
from ear to ear	**o glust i glust**
from end to end	**o ben bwygilydd**
from hand to mouth	**o'r bawd (o'r fawd) i'r genau**

from hand to mouth	o'r llaw i'r genau
from head to toe	o'r corun i'r sawdl
from here	oddi yma
from his/her point of view	o'i gwr/chwr
from me	oddi wrthyf fi (wrthyt ti, wrtho ef, etc.)
from morn to night	o fore gwyn tan nos
from now on	o hyn allan
from now on	o hyn ymlaen
from one generation to the next	o rod i rod
from outside	oddi allan
from the depths of my heart	o ddyfnder calon
from the depths of my heart	o eigion calon
from the frying pan into th fire	o'r badell ffrio i'r tân
from the other side	oddi draw
from the very beginning	o'r cychwyn cyntaf
from the very beginning	o'r dechrau un
from the very start	o'r dechrau yn deg
from time immemorial	ers cyn cof
from time to time	o bryd i'w gilydd
from time to time	o dro i dro
full blooded	o waed coch cyfan
full fuss	ar ffrwst
full length	ar fy (dy, ei, etc.) hyd
full length	ar fy hyd
full tilt	ar garlam
generally	at ei gilydd
generally	gan mwyaf

given the lack of	**yn niffyg**
hairsbreadth	**o drwch asgell gwybedyn**
hairsbreadth	**o drwch blewyn**
half-heartedly	**rhwng bodd ac anfodd**
half in jest	**rhwng difrif a chwarae**
head over heels	**dros fy (dy, ei, etc.) mhen am (th, i, etc.) clustiau**
headlong	**ar fy (dy, ei, etc.) nghyfer**
hidden	**dan gêl**
homeward	**tua thre**
honorary	**er anrhydedd**
hurtling	**ar wib**
I swear	**ar fy (dy, ei, etc.) llw**
I'll be hanged if i will	**dros fy (dy, ei, etc.) nghrogi**
immeasurable	**heb fesur**
immediately	**rhag blaen**
in	**i mewn**
in a moment of weakness	**ar awr wan**
in a short while	**ar fyr o dro**
in a twinkling	**ar amrantiad**
in black and white	**ar bapur**
in black and white	**ar ddu a gwyn**
in brief	**ar fyrder**
in brief	**ar fyr o eiriau**
in care	**tan ofal**
in case	**rhag ofn**
in daytime	**yng nghorff y dydd**
doubled up	**yn fy (dy, ei, etc.) nyblau**

in favour of	**o blaid**
in hand	**ar y gweill**
in high spirits	**ar fy (dy, ei, etc.) uchelfannau**
in high spirits	**yn fy (dy, ei, etc.) llawn hwyliau**
in its new guise	**ar fy (dy, ei, etc.) newydd wedd**
in memoriam	**er cof**
in memoriam	**er coffa**
in my cups	**yn fy (dy, ei, etc.) nghwrw**
in my cups	**yn fy (dy, ei, etc.) niod**
in my element	**yn fy (dy, ei, etc.) elfen**
in my opinion	**yn fy (dy, ei, etc.) marn i**
in my own good time	**ar fy (dy, ei, etc.) mhwys**
in my own good time	**wrth fy (dy, ei, etc.) mhwysau**
in my own good time	**yn fy (dy, ei, etc.) amser fy hun**
in my prime	**yn fy (dy, ei, etc.) anterth**
in my stockinged feet	**yn nhraed fy (dy, ei, etc.) sanau**
in order to	**er mwyn**
in passing	**wrth fynd heibio**
in reserve	**wrth gefn**
in spite of	**er hyn**
in tears	**yn fy (dy, ei, etc.) nagrau**
in the air	**yn yr awyr**
in the blink of an eye	**ar drawiad amrant**
in the blood	**yn y gwaed**
in the care of	**dan ofal**

in the end	**yn y diwedd**
in the flesh	**yn y cnawd**
in the fullness of time	**yng nghyflawnder amser**
in the image of	**ar lun a delw**
in the land of the living	**ar dir y byw**
in the middle	**ar ganol**
in the old days	**ers talwm**
in the same breath	**ar yr un gwynt**
in the shadow of	**yng nghysgod**
in the shape of	**ar ffurf**
in the teeth of	**yn nannedd**
in the van	**ar flaen y gad**
in their skins (vegetables)	**drwy eu crwyn**
in this place	**yn y fan a'r lle**
in two minds	**rhwng dau feddwl**
increasing	**ar gynnydd**
indoors	**dan do**
in-law	**yng nghyfraith**
interrupt	**ar fy (dy ei etc.) nhraws**
into the fray	**i'r gad**
into the midst	**i blith**
into the midst	**i fysg**
intuitively	**wrth reddf**
it's up to him	**rhyngddo ac ef ei hun/hunan**
it's up to you	**rhyngoch chi a'ch cawl**
it's up to you	**rhyngoch chi a'ch potes**
jointly	**ar y cyd**
just then	**ar hynny**

leisurely	**o dow i dow**
locked	**ar glo**
locked	**yng nghlo**
lost	**ar goll**
luckily	**drwy lwc**
luckily	**wrth lwc**
lying down	**ar fy (dy, ei, etc.) ngorwedd**
mercifully	**drwy drugaredd**
meticulously	**i'r blewyn**
milky (coffee)	**drwy laeth**
more than satisfied	**uwchben fy (dy, ei, etc.) nigon**
my gut feeling	**yn nhoriad fy (dy, ei, etc.) mogail**
naturally	**wrth natur**
not a patch on	**heb fod yn yr un cae â (rhywun)**
not all honey	**heb fod yn fêl i gyd**
not all there	**heb fod yn llawn llathen**
not for the world	**er y byd**
not myself	**heb fod yn fi fy (dy, ei, etc.) hun/hunan**
not to mention	**heb sôn am**
obliged	**wrth raid**
o'clock	**o'r gloch**
of all things	**o bethau'r byd**
of blessed memory	**o barchus goffadwriaeth**
of course	**wrth gwrs**
of course	**wrth reswm**
of eternal significance	**o dragwyddol bwys**

of everyone	**o bawb**
of import	**o bwys**
on a journey	**ar daith**
on account of	**ar gownt**
on all fours	**ar fy (dy, ei, etc.) mhedwar**
on average	**ar gyfartaledd**
on behalf of	**ar ran**
on board	**ar fwrdd**
on credit	**ar goel**
on duty	**ar ddyletswydd**
on fire	**ar dân**
on foot	**ar droed**
on half	**ar hanner**
on hire	**ar log**
on his father's side	**o du ei dad**
on his high horse	**ar gefn fy (dy, ei, etc.) ngheffyl**
on line	**ar lein**
on loan	**ar fenthyg**
on my behalf	**ar fy (dy, ei, etc.) nghyfyl**
on my hands	**ar fy (dy, ei, etc.) nwylo**
on my mind	**ar fy (dy, ei, etc.) meddwl**
on my own	**ar fy (dy, ei, etc.) liwt fy (dy, ei, etc.) hun**
on my own	**ar fy (dy, ei, etc.) mhen fy (dy, ei, etc.) hun**
on my own patch	**ar fy (dy, ei, etc.) nhomen fy hun**
on my side	**ar fy (dy ei etc.) ochr**
on my tail	**wrth fy (dy, ei, etc.) nghwt**

on my way	**ar fy (dy, ei, etc.) ffordd**
on my way	**ar fy (dy, ei, etc.) hynt**
on no account	**ar unrhyw gyfrif**
on oath	**ar lw**
on pins	**ar binnau**
on purpose	**o bwrpas**
on purpose	**o fwriad**
on rent	**ar osod**
on tenterhooks	**ar bigau'r drain**
on the back of	**ar gefn**
on the dole	**ar y dôl**
on the ground	**ar lawr**
on the outskirts	**ar gyrion**
on the point of	**ar fedr**
on the surface	**ar yr wyneb**
on the tip of my tongue	**ar flaen fy nhafod**
on the up and up	**ar ei brifiant**
on the up and up	**ar i fyny**
on the verge of	**ar drothwy**
on the verge of	**ar ymyl**
on the way	**ar y ffordd**
on the way out	**ar ddarfod**
on the whole	**ar y cyfan**
on the wing	**ar adain**
on the word	**ar y gair**
on the go	**ar waith**
on time	**ar amser**

on tip toe	ar flaenau fy (dy, ei, etc.) nhraed
open	ar agor
out	i maes
out for my blood	am fy (dy, ei etc. etc.) ngwaed
out of place	o'i le
out of sight	o'r golwg
out of work	ar y clwt
over	dros ben
over and over	drosodd a thro
over the top	dros ben llestri
pedigree	o dras
pedigree	o'r iawn ryw
perfect	i'r dim
pleased	wrth fodd calon
previously	o'r blaen
profit from	ar fy (dy, ei, etc.) elw
put by	ar gadw
quickly	am fyr dro
regarding	yng nghylch
renowned	o fri
rooted	o'r gwraidd
rushing ahead	yn fy (dy, ei, etc.) nghyfer
satisfied	ar ben fy (dy, ei, etc.) nigon
satisfied	o'm (o'th, o'i, etc.) bodd
scarcely	o'r braidd
scattered	ar chwâl
scattered	ar wasgar

second hand	**o law i law**
second to none	**heb fy (dy, ei, etc.) ail**
separately	**ar wahân**
shut	**ar gau**
since	**oddi ar**
surrounding	**o gwmpas**
sponsored	**dan nawdd**
spontaneously	**o'r bron**
spontaneously	**o'r frest**
squatting	**yn fy (dy, ei, etc.) nghwrcwd**
steady on	**gan bwyll**
steering	**wrth y llyw**
step by step	**o gam i gam**
straight out	**heb flewyn ar dafod**
stuck	**yn fy (dy, ei, etc.) unfan**
surrounding	**o hil**
taking a chance	**ar antur**
tearing hurry	**ar ras wyllt**
temporarily	**dros dro**
the end	**ar ddiwedd**
the image of	**ar ddelw**
the other side of	**am y . . . â**
the other side of the wall	**am y pared**
the word is	**ar dafod leferydd**
therefore	**gan hynny**
this long time	**am (yn) hir**
this long time	**ers tro byd**
this many a long day	**ers llawer dydd**

to a hairsbreadth	**i drwch y blewyn**
to all appearances	**i bob golwg**
to hand	**wrth fy (dy, ei, etc.) mhenelin**
to hand	**wrth law**
to his credit	**er clod i**
to myself	**wrthyf fy hun**
to one side	**o'r neilltu**
to request	**ar ofyn**
to satisfy	**er bodd**
to that	**at hynny**
to the hilt	**hyd at y bôn**
to the hilt	**i'r carn**
to the minute	**i'r munud/funud**
to the side	**i'r naill ochr**
to this day	**hyd heddiw**
together	**gyda'i gilydd**
toothsome	**at fy (dy, ei, etc.) nant**
top to bottom	**o'r bôn i'r brig**
truly	**ar fy ngwir**
ultimately	**hyd y diwedd**
under a cloud	**tan gwmwl**
under consideration	**dan ystyriaeth**
under foot	**dan draed**
under my nose	**dan fy (dy, ei, etc.) nhrwyn**
under the cicumstances	**o dan yr amgylchiadau**
under the heel	**dan y sawdl**
under the influence	**dan ddylanwad**
under the lash	**dan lach**

under the thumb	**dan fawd**
under the wing	**dan adain**
underhand	**dan din**
unfairly	**ar gam**
unknown to	**heb yn wybod i**
unless	**hyd oni**
until	**hyd nes**
until now	**hyd yma**
until then	**hyd hynny**
up	**i lan/lan**
up to now	**hyd yn hyn**
up to now	**i fyny**
utterly lost	**ar ddifancoll**
very well	**o'r gorau**
via	**drwy law**
voluntarily	**drwy fodd**
wandering	**ar grwydr**
wanders off	**ar gerdded**
well known	**ar gof a chadw**
whereupon	**gyda hyn**
whereupon	**gyda hynny**
while singing	**dan ganu**
widespread	**ar hyd ac ar led**
widespread	**ar led**
with a bit of luck	**gyda lwc**
with feeling	**dan deimlad**
within	**oddi mewn**
within	**o fewn**
without doubt	**heb os nac oni bai**

Ymadroddion cyfansawdd

Compound phrases

poen	am fy mhoen	am fy mhoen	am dy boen	am ei boen
bywyd	am fy mywyd	am fy mywyd	am dy fywyd	am ei fywyd
gwaed	am fy ngwaed	am fy ngwaed	am dy waed	am ei waed
digon	ar ben fy nigon	ar ben fy nigon	ar ben dy ddigon	ar ben ei ddigon
pen	ar fy mhen fy hun	ar fy mhen fy hun	ar dy ben dy hun	ar ei ben ei hun
pwys	ar fy mhwys	ar fy mhwys	ar dy bwys	ar ei bwys
traws	ar fy nhraws	ar fy nhraws	ar dy draws	ar ei draws
bys	ar flaenau fy (dy, ei, etc.) mysedd	ar flaenau fy mysedd	ar flaenau dy fysedd	ar flaenau ei fysedd
traed	ar flaenau fy nhraed	ar flaenau fy nhraed	ar flaenau dy draed	ar flaenau ei draed
bwrdd	ar fwrdd			
traws	ar fy nhraws	ar fy nhraws	ar dy draws	ar ei draws
ochr	ar fy ochr	ar fy ochr	ar dy ochr	ar ei ochr
elw	ar fy elw	ar fy elw	ar dy elw	ar ei elw
liwt	ar fy liwt fy hun	ar fy liwt fy hun	ar dy liwt dy hun	ar ei liwt ei hun
llw	ar fy llw	ar fy llw	ar dy lw	ar ei lw
meddwl	ar fy meddwl	ar fy meddwl	ar dy feddwl	ar ei feddwl
pedwar	ar fy mhedwar	ar fy mhedwar	ar dy bedwar	ar ei bedwar
pen fy hun	ar fy mhen fy hun	ar fy mhen fy hun	ar dy ben dy hun	ar ei ben ei hun

Ymadroddion cyfansawdd

am ei phoen	am ein poen	am eich poen	am eu poen	*for my trouble*
am ei bywyd	am ein bywydau	am eich bywydau	am eu bywydau	*for my life*
am ei gwaed	am ein gwaed	am eich gwaed	am eu gwaed	*for my blood*
ar ben ei digon	ar ben ein digon	ar ben eich digon	ar ben eu digon	*satisfied*
ar ei phen ei hun	ar ein pennau ein hunain	ar eich pennau eich hunain	ar eu pennau eu hunain	*on my own*
ar ei phwys	ar ein pwys	ar eich pwys	ar eu pwys	*beside me*
ar ei thraws	ar ein traws	ar eich traws	ar eu traws	*across*
ar flaenau ei bysedd	ar flaenau ein bysedd	ar flaenau eich bysedd	ar flaenau eu bysedd	*at my fingertips*
ar flaenau ei thraed	ar flaenau ein traed	ar flaenau eich traed	ar flaenau eu traed	*on tip toe*
				on board
ar ei thraws	ar ein traws	ar eich traws	ar eu traws	*interrupt*
ar ei ochr	ar ein hochr	ar eich ochr	ar eu hochr	*on my side*
ar ei helw	ar ein helw	ar eich elw	ar eu helw	*profit from*
ar ei liwt ei hun	ar ein liwt ein hunain	ar eich liwt eich hunain	ar eu liwt eu hunain	*on my own*
ar ei llw	ar ein llw	ar eich llw	ar eu llw	*I swear*
ar ei meddwl	ar ein meddyliau	ar eich meddyliau	ar eu meddyliau	*on my mind*
ar ei phedwar	ar ein pedwar	ar eich pedwar	ar ein pedwar	*on all fours*
ar ei phen ei hun	ar ein pennau ein hunain	ar eich pennau eich hunain	ar eu pennau eu hunain	*on my own*

pwys	ar fy mhwys	ar fy mhwys	ar dy bwys	ar ei bwys
gwedd	ar fy newydd wedd			
canfed	ar fy nghanfed	ar fy nghanfed	ar dy ganfed	ar ei ganfed
colled	ar fy ngholled	ar fy ngholled	ar dy golled	ar ei golled
cyfer	ar fy nghyfer	ar fy nghyfer	ar dy gyfer	ar ei gyfer
cyfyl	ar fy nghyfyl	ar fy nghyfyl	ar dy gyfyl	ar ei gyfyl
gorau	ar fy ngorau	ar fy ngorau	ar dy orau	ar ei orau
gorwedd	ar fy ngorwedd	ar fy ngorwedd	ar dy orwedd	ar ei orwedd
tomen fy hun	ar fy nhomen fy hun	ar fy nhomen fy hun	ar dy domen dy hun	ar ei domen ei hun
dwylo	ar fy nwylo	ar fy nwylo	ar dy ddwylo	ar ei ddwylo
ôl	ar fy ôl	ar fy ôl	ar dy ôl	ar ei ôl
uchelfannau	ar fy uchelfannau	ar fy uchelfannau	ar dy uchelfannau	ar ei uchelfannau
union	ar fy union	ar fy union	ar dy union	ar ei union
cyfer	ar fy nghyfer	ar fy nghyfer	ar dy gyfer	ar ei gyfer
cyfyl	ar fy nghyfyl	ar fy nghyfyl	ar dy gyfyl	ar ei gyfyl
cynnydd	ar gynnydd			
cyrion	ar gyrion			
hanner	ar hanner			
hap a damwain	ar hap a damwain			
hyd	ar hyd			

ar ei phwys	ar ein pwysau	ar eich pwysau	ar ein pwysau	*in my own good time*
				in its new guise
ar ei chanfed	ar ein canfed	ar eich canfed	ar eu canfed	*a hundredfold*
ar ei cholled	ar ein colled	ar eich colled	ar eu colled	*at a loss*
ar ei chyfer	ar ein cyfer	ar eich cyfer	ar eu cyfer	*headlong*
ar ei chyfyl	ar ein cyfyl	ar eich cyfyl	ar eu cyfyl	*on my behalf*
ar ei gorau	ar ein gorau	ar eich gorau	ar eu gorau	*at my best*
ar ei gorwedd	ar ein gorwedd	ar eich gorwedd	ar eu gorwedd	*lying down*
ar ei thomen ei hun	ar ein tomen ein hun	ar eich tomen eich hun	ar eu tomen eu hun	*on my own patch*
ar ei dwylo	ar ein dwylo	ar eich dwylo	ar eu dwylo	*on my hands*
ar ei hôl	ar ein hôl	ar eich ôl	ar eu hôl	*after me*
ar ei huchelfannau	ar ein huchelfannau	ar eich uchelfannau	ar eu huchelfannau	*in high spirits*
ar ei hunion	ar ein hunion	ar eich union	ar eu hunion	*directly*
ar ei chyfer	ar ein cyfer	ar eich cyfer	ar ein cyfer	*for (me)*
ar ei chyfyl	ar ein cyfyl	ar eich cyfyl	ar ein cyfyl	*near*
				increasing
				on the outskirts
				on half
				accidentally
				along

hyd ac ar led	ar hyd ac ar led			
pryd	ar hyn o bryd			
hynny	ar hynny			
i fyny	ar i fyny			
gwaered	ar i waered			
llafar	ar lafar			
llawr	ar lawr			
ar led	lled			
ar lein	ar lein			
ar log	ar log			
llun a delw	ar lun a delw			
llw	ar lw			
gofyn	ar ofyn			
gogwydd	ar ogwydd			
ôl	ar fy ôl	ar fy ôl	ar dy ôl	ar ei ôl
gwarthaf	ar fy ngwarthaf	ar fy ngwarthaf	ar dy warthaf	ar ei warthaf
at fy nant	at fy nant	at fy nant	at dy ddant	at ei ddant
trwyn	dan fy nhrwyn	dan fy nhrwyn	dan dy drwyn	dan ei drwyn
pen a'm clustiau	dros fy mhen a'm clustiau	dros fy mhen a'm clustiau	dros dy ben a'th glustiau	dros ei ben a'i glustiau
crogi	dros fy nghrogi	dros fy nghrogi	dros dy grogi	dros ei grogi

					widespread
					at the moment
					just then
					on the up and up
					down
					colloquially
					on the ground
					widespread
					on line
					on hire
					in the image of
					on oath
					to request
					aslant
ar ei hôl	ar ein hôl	ar eich ôl		ar eu hôl	behind
ar ei gwarthaf	ar ein gwarthaf	ar eich gwarthaf		ar eu gwarthaf	on my back
at ei dant	at ein dant	at eich dant		at eu dant	toothsome
dan ei thrwyn	dan ein trwynau	dan eich trwynau		dan eu trwynau	under my nose
dros ei phen a'i chlustiau	dros ein pennau a'n clustiau	dros eich pennau a'ch clustiau		dros eu pennau a'u clustiau	head over heels
dros ei chrogi	dros ein crogi	dros eich crogi		dros eu crogi	I'll be hanged if I will

dannedd	drwy groen fy nannedd	drwy groen fy nannedd	drwy groen dy ddannedd	drwy groen ei ddannedd
gwaeth	er gwaeth			
gwaeth	er fy ngwaethaf	er fy ngwaethaf	er dy waethaf	er ei waethaf
er mwyn	er fy mwyn	er fy mwyn	er dy fwyn	er ei fwyn
fi fy hun/ hunan	heb fod yn fi fy hun/hunan	heb fod yn fi fy hun/ hunan	heb fod yn di dy hun/ hunan	heb fod yn ef ei hun/ hunan
ail	heb fy ail	heb fy ail	heb dy ail	heb ei ail
plith	i'n plith			
mysg	i'n mysg			
amgylch	o'm hamgylch	o'm hamgylch	o'th amgylch	o'i amgylch
plaid	o'm plaid	o'm plaid	o'th blaid	o'i blaid
plegid	o'm plegid	o'm plegid	o'th blegid	o'i blegid
pobtu	o'm pobtu	o'm pobtu	o'th bobtu	o'i bobtu
deutu	o'm deutu	o'm deutu	o'th ddeutu	o'i ddeutu
mantais	o fantais			
mewn	o'm mewn	o'm mewn	o'th fewn	o'i fewn
blaen	o'm blaen	o'm blaen	o'th flaen	o'i flaen
cwmpas	o'm cwmpas	o'm cwmpas	o'th gwmpas	o'i gwmpas
oherwydd	o'm herwydd	o'm herwydd	o'th herwydd	o'i herwydd
rhan	o'm rhan	o'm rhan	o'th ran	o'i ran
oddi tanaf fi	oddi tanaf fi	oddi tanaf	oddi tanat	oddi tano
oddi wrthyf	oddi wrthyf	oddi wrthyf	oddi wrthyt	oddi wrtho

Ymadroddion cyfansawdd

drwy groen ei dannedd	drwy groen ein dannedd	drwy groen eich dannedd	drwy groen eu dannedd	*by the skin of my teeth*
				despite
er ei gwaethaf	er ein gwaethaf	er eich gwaethaf	er eu gwaethaf	*despite*
er ei mwyn	er ein mwyn	er eich mwyn	er eu mwyn	*in order to*
heb fod yn hi ei hun/ hunan	heb fod yn ni ein hunain	heb fod yn chi eich hunain	heb fod yn nhw eu hunain	*not myself*
heb ei hail	heb ein hail	heb eich ail	heb eu hail	*second to none*
	i'n plith	i'ch plith	i'w plith	*into the midst*
	i'n mysg	i'ch mysg	i'w mysg	*into the midst*
o'i hamgylch	o'n hamgylch	o'ch amgylch	o'u hamgylch	*around*
o'i phlaid	o'n plaid	o'ch plaid	o'u plaid	*in favour of*
o'i phlegid	o'n plegid	o'ch plegid	o'u plegid	*because of*
o'i phobtu	o'n pobtu	o'ch pobtu	o'u pobtu	*around*
o'i deutu	o'n deutu	o'ch deutu	o'u deutu	*about*
				advantageous
o'i mewn	o'n mewn	o'ch mewn	o'u mewn	*within*
o'i blaen	o'n blaen	o'ch blaen	o'u blaen	*before*
o'i chwmpas	o'n cwmpas	o'ch cwmpas	o'u cwmpas	*surrounding*
o'i herwydd	o'n herwydd	o'ch herwydd	o'u herwydd	*because of me*
o'i rhan	o'n rhan	o'ch rhan	o'u rhan	*as far as*
oddi tani	oddi tanom	oddi tanoch	oddi tanon	*beneath me*
oddi wrthi	oddi wrthym	oddi wrthych	oddi wrthyn	*from me*

ohonof	ohonof fy hun/hunan	ohonof fy hun/ hunan	ohonot dy hun/ hunan	ohono ei hun/ hunan
bodd	o'm bodd	o'm bodd	o'th fodd	o'i fodd
pen	o'm pen a'm pastwn	o'm pen a'm pastwn	o'th ben a'th bastwn	o'i ben a'i bastwn
achos	o'm hachos	o'm hachos	o'th achos	o'i achos
cywilydd	rhag fy nghywilydd	rhag fy nghywilydd	rhag dy gywilydd	rhag ei gywilydd
dwylo	rhwng fy nwylo	rhwng fy nwylo	rhwng dy ddwylo	rhwng ei ddwylo
tre	tua thre			
digon	uwchben fy nigon	uwchben fy nigon	uwchben dy ddigon	uwchben ei ddigon
penelin	wrth fy mhenelin	wrth fy mhenelin	wrth dy benelin	wrth ei benelin
pwysau	wrth fy mhwysau	wrth fy mhwysau	wrth dy bwysau	wrth ei bwysau
bodd	wrth fy modd	wrth fy modd	wrth dy fodd	wrth ei fodd
cwt	wrth fy nghwt	wrth fy nghwt	wrth dy gwt	wrth ei gwt
amser	yn fy amser fy hun	yn fy amser fy hun	yn dy amser dy hun	yn ei amser ei hun
anterth	yn fy anterth	yn fy anterth	yn dy anterth	yn ei anterth
elfen	yn fy elfen	yn fy elfen	yn dy elfen	yn ei elfen
erbyn	yn fy erbyn	yn fy erbyn	yn dy erbyn	yn ei erbyn
lle	yn fy lle	yn fy lle	yn dy le	yn ei le
hwyliau	yn fy llawn hwyliau	yn fy llawn hwyliau	yn dy lawn hwyliau	yn ei lawn hwyliau

ohoni ei hun/ hunan	ohonom ein hunain	ohonoch eich hunain	ohonyn eu hunain	*for my part*
o'i bodd	o'n bodd	o'ch bodd	o'u bodd	*satisfied*
o'i phen a'i phastwn	o'n pen a'n pastwn	o'ch pen a'ch pastwn	o'u pen a'u pastwn	*all on mwy own*
o'i hachos	o'n hachos	o'ch achos	o'u hachos	*because of me*
rhag ei chywilydd	rhag ein cywilydd	rhag eich cywilydd	rhag eu cywilydd	*for shame*
rhwng ei dwylo	rhwng ein dwylo	rhwng eich dwylo	rhwng eu dwylo	*between my fingers*
				homeward
uwchben ei digon	uwchben ein digon	uwchben eich digon	uwchben eu digon	*more than satisfied*
wrth ei phenelin				*to hand*
wrth ei phwysau	wrth ein pwysau	wrth eich pwysau	wrth eu pwysau	*in my own good time*
wrth ei bodd	wrth ein bodd	wrth eich bodd	wrth eu bodd	*delighted*
wrth ei chwt	wrth ein cwt	wrth eich cwt	wrth eu cwt	*on my tail*
yn ei hamser ei hun	yn ein hamser ein hunain	yn eich amser eich hun/hunain	yn eu hamser eu hunain	*in my own good time*
yn ei hanterth	yn ein hanterth	yn eich anterth	yn eu hanterth	*in my prime*
yn ei helfen	yn ein helfen	yn eich elfen	yn eu helfen	*in my element*
yn ei herbyn	yn ein herbyn	yn eich erbyn	yn eu herbyn	*against me*
yn ei lle	yn ein lle	yn eich lle	yn eu lle	*in my place*
yn ei llawn hwyliau	yn ein llawn hwyliau	yn eich llawn hwyliau	yn eu llawn hwyliau	*in high spirits*

barn	yn fy marn i	yn fy marn i	yn dy farn di	yn ei farn ef
byw	yn fy myw			
dagrau	yn fy nagrau	yn fy nagrau	yn dy ddagrau	yn ei ddagrau
cwrcwd	yn fy nghwrcwd	yn fy nghwrcwd	yn dy gwrcwd	yn ei gwrcwd
cwrw	yn fy nghwrw	yn fy nghwrw	yn dy gwrw	yn ei gwrw
cyfer	yn fy nghyfer	yn fy nghyfer	yn dy gyfer	yn ei gyfer
golwg	yn fy ngolwg i	yn fy ngolwg i	yn dy olwg di	yn ei olwg ef
diod	yn fy niod	yn fy niod	yn dy ddiod	yn ei ddiod
dyblau	yn fy nyblau	yn fy nyblau	yn dy ddyblau	yn ei ddyblau
unfan	yn fy unfan	yn fy unfan	yn dy unfan	yn ei unfan
ymyl	yn fy ymyl	yn fy ymyl	yn dy ymyl	yn ei ymyl
bogail	yn nhoriad fy mogail	yn nhoriad fy mogail	yn nhoriad dy fogail	yn nhoriad ei fogail
sanau	yn nhraed fy sanau	yn nhraed fy sanau	yn nhraed dy sanau	yn nhraed ei sanau
ynghanol	ynghanol			
cylch	yng nghylch	yn fy nghylch	yn dy gylch	yn ei gylch

yn ei barn hi	yn ein barn ni	yn eich barn chi	yn eu barn ni	*in my opinion*
				for the life of me
yn ei dagrau	yn ein dagrau	yn eich dagrau	yn eu dagrau	*in tears*
yn ei chwrcwd	yn ein cwrcwd	yn eich cwrcwd	yn eu cwrcwd	*squatting*
yn ei chwrw	yn ein cwrw	yn eich cwrw	yn eu cwrw	*in my cups*
yn ei chyfer	yn ein cyfer	yn eich cyfer	yn eu cyfer	*rushing ahead*
yn ei golwg hi	yn ein golwg ni	yn eich golwg chi	yn eu golwg nhw	*as I see it*
yn ei diod	yn ein diod	yn eich diod	yn eu diod	*in my cups*
yn ei dyblau	yn ein dyblau	yn eich dyblau	yn eu dyblau	*doubled up*
yn ei hunfan	yn ein hunfan	yn eich unfan	yn eu hunfan	*stuck*
yn ei hymyl	yn ein hymyl	yn eich ymyl	yn eu hymyl	*beside me*
yn nhoriad ei bogail				*my gut feeling*
yn nhraed ei sanau	yn nhraed ein sanau	yn nhraed eich sanau	yn nhraed eu sanau	*in my stockinged feet*
	yn ein canol	yn eich canol	yn eu canol	*in our midst*
yn ei chylch	yn ein cylch	yn eich cylch	yn eu cylch	*regarding*

Berfau a'u harddodiaid

Verbal prepositions

aberthu *be –* **rhywbeth i** *rywun*; *–* *rhywbeth* **dros** *rywun/rywbeth* sacrifice

absennol *ans –* **o** absent

achosi *be –* **i** (*rywbeth ddigwydd*) cause, occasion

achub *be –* *rhywun/rhywbeth* **rhag** *rhywun/rhywbeth* rescue, save

achwyn *be –* **ar** *rywun* **am** *rywbeth*; *–* **wrth** *rywun* complain

ad-dalu *be –* *rhywbeth* **i** *rywun* repay, requite

adeiladu *be –* **ar** build, construct, construction

adfer *be –* **i** restore

adio *be –* *rhywbeth* **at** add

adleoli *be –* **i** *rywle* relocate, redeploy

adlewyrchu *be –* **oddi ar** reflect

adlynu *be –* **wrth** adhere

adnabyddiaeth hon *eb –* **o** knowledge, recognition

adrodd *be –* *rhywbeth* **wrth**, **o flaen** narrate, relate, tell

adrodd *be –* **am** *rywbeth* **wrth** *rywun* report

aduno *be –* **â** reunite

adweithio *be –* **i** *rywbeth* react

addas *ans –* **i** *rywun* suitable, appropriate, fit

addef *be –* *rhywbeth* **wrth** *rywun* admit, confess, grant, profess

addefiad hwn *eg –* **am** *rywbeth* avowal

addfwyn *ans –* **wrth** *rywun*; *–* **tuag at** *rywun* gentle, meek

addo *be –* *rhywbeth* **i** *rywun* promise

addunedu *be –* **i** vow

addurno *be –* *rhywun/rhywbeth* **â** decorate

aflonyddu *be* – **ar** *rywun/rywbeth* disturb, disrupt, harass

agos *ans* – **at** *rywun* close

agos *adf* – **i** *rywun wneud rhywbeth* (not) at all, (not) nearly

agosáu *be* – **at** approach, draw near

agwedd hon *eb* – **at** attitude, approach

agwedd hon *eb* –, **ar** aspect

angen hwn *eg* – **am, ar** need

angenrheidiol *ans* – **i** *rywun wneud rhywbeth* necessary, requisite

anghofio *be* – **am** *rywun/rywbeth* forget

anghydsynio *be* – **â** disagree, dissent

anghydweld *be* – **â** *rhywun* **am** *rywbeth* disagree, disagreement, dissent

anghyfarwydd *ans* – **â** unaccustomed, unused

anghymhwyso *be* – *rhywun/rhywbeth* **rhag** disqualify

anghytuno *be* – **â** *rhywun* disagree

angori *be* – *rhywbeth* **wrth** anchor, moor, berth

ailadrodd *be* – *rhywbeth* **wrth** *rywun* repeat, repetition, reiterate

ailafael *be* – **yn** *rhywbeth* resume, take up again

ailbriodi *be* – **â** *rhywun* remarry

ailddodrefnu *be* – **â** re-equip, refurbish, refurnish

ailgydio *be* – **yn** take up again

ailgymodi *be* – **â** reconcile

ailgynefino *be* – **â** refamiliarize

ailgysylltu *be* – **â** reconnect, rejoin

ailhyfforddi *be* – **yn** *athro/saer, etc.* retrain

ailymafael *be* – **yn** resume, take up again

ailymosod *be* – **ar** attack again

ailymuno *be* – **â** rejoin

ailymweld *be* – **â** revisit

alaru *be* – **ar** be fed up with, have a surfeit of

alergaidd *ans* – **i** allergic

alinio *be* – *rhywbeth* **â** align

alldynnu *be* – *rhywbeth* **o** abstract

allfwrw *be* – *rhywbeth* **o** exorcise

all-lifo *be* – **o** outflow

allsugno *be* – *rhywbeth* **o** aspirate

amarch hwn *eg* – **tuag at** dishonour, disrespect

amau *be* – *rhywun* **o** *rywbeth* doubt, suspect

amdoi *be* – *rhywbeth* **mewn, yn** enshroud, shroud

amdorchi *be* – *rhywun/rhywbeth* **â** wreathe

amddifadu *be* – *rhywun* **o** *rywbeth* deprive, orphan

amddiffyn *be* – *rhywun/rhywbeth* **oddi wrth, rhag** *rhywun/rhywbeth* defend, protect

amgáu *be* – *rhywbeth* **â** enclose, surround

amharod *ans* – **i** unprepared

amharod *ans* – **i** unwilling, reluctant

amharodrwydd hwn *eg* – **i** reluctance, unpreparedness

amharu *be* – **ar** impair, harm

amhosibl *ans* – **i** *rywun wneud rhywbeth* impossible

amlapio *be* – *rhywun/rhywbeth* **mewn, yn** wrap

amlwg *ans* – **i** *rywun wneud rhywbeth* clear, evident, obvious

amneidio *be* – **ar** *rywun* beckon, nod

amnewid *be* – *rhywbeth* **am** *rywbeth arall* replace, substitute

amrwymo *be* – *rhywbeth* **mewn, yn** bind, swathe

amwisgo *be* – *rhywbeth* **â** shroud

anaddas *ans* – **i** unsuitable, inapplicable

analluog *ans* – **i** *wneud rhywbeth* incapable, impotent

anelu *be* – **at** *rywun/rywbeth*; – *rhywbeth* **at** aim

anfon *be* – **am** rywun/rywbeth, **at** berson ac **i** le send

anhwylder hwn *eg* – **ar** ailment, complaint, disorder

annhebygol *ans* – **o** unlikely, far-fetched, improbable

annodweddiadol *ans* – **o** uncharacteristic, atypical

annog *be* – *rhywun* **i** exhort, persuade, urge

anobeithio *be* – **am** despair

anodd *ans* – **gan** *rywun wneud rhywbeth*; – **i** *rywun wneud rhywbeth* difficult, hard, tricky

anrhegu *be* – *rhywun* **â** reward

anrhydeddu *be* – *rhywun/rhywbeth* **â** honour

anufuddhau *be* – **i** *rywun* disobey

apêl hon *eb* – **at** appeal

apelio *be* – **ar** neu **i** *rywun* **am** *rywbeth* appeal

apelio *be* – **at** *rywun* appeal, attract

apelio *be* – **yn erbyn** appeal

apwyntio *be* – **yn** appoint

ar *ardd* – **i** *rywun* owe

arbed *be – rhywun/rhywbeth* **rhag** save

arbelydru *be – rhywbeth* **â** irradiate

arbenigo *be –* **yn/mewn** *rhywbeth* specialize

arbrofi *be –* **ar** experiment

archwaeth hwn *eg –* **at** appetite

ardaro *be –* **ar** impinge

ardystio *be –* **i** attest

ardywallt *be – rhywbeth* **o** *rywbeth* **i** *rywbeth* decant

arestio *be – rhywun* **am** arrest

arfaethu *be –* **ar gyfer** intend, plan

arfer *be –* **â** get used to

argaenu *be – rhywbeth* **â** veneer

arglwyddiaethu *be –* **ar** *rywun/rywbeth* govern

argraffu *be – rhywbeth* **ar** *rywun* impress, impress upon

argyhoeddi *be – rhywun* **o** *rywbeth* convince

argyhuddo *be – rhywun* **o** incriminate

arlliwio *be – rhywbeth* **â** shade, tint

arogleuo *be –* **o** smell

arogli *be –* **o** smell

aroleuo *be –* **â** highlight

arolwg hwn *eg –* **o** survey, scrutiny, review

aros *be –* **am** *rywun/rywbeth* wait

aros *be –* **yn** *rhywle* halt, stop

aros *be –* **yn** *rhywun* remain

arswydo *be –* **rhag** *rhywbeth* be afraid

arsylwi *be* – **ar** observe

arthio *be* – **ar** berate, scold

arwain *be* – **at** *rywun/rywbeth*; – **i** *rywle* lead

arwisgo *be* – *rhywun* **â** enrobe, invest

arwydd hwn *eg* – **o** sign

aryneilio *be* – *rhywbeth* **â** alternate

aseinio *be* – *rhywbeth* **i** *rywun* assign

asio *be* – *rhywbeth* **wrth** join, bind

astudiaeth hon *eb* – **o**; – **ar** study

atal *be* – *rhywun/rhywbeth* **rhag** *gwneud rhywbeth* prevent, foil, staunch, keep back

atbereiddio *be* – **â** repurify

ateb *be* – *rhywbeth* **i** *rywun* answer, reply

atebol *ans* – **i** accountable, responsible

atgoffa *be* – *rhywun* **o/am** *rywbeth* remind

atolygu *be* – **ar** *rywun* beseech, pray

atseinio *be* – **drwy** *rywle* echo, resonate

atyniad hwn *eg* – **at** attraction, appeal, lure

athreiddio *be* – **i** permeate

athronyddu *be* – **am** philosophize

athyrru *be* – **ynghyd** agglomerate

awchu *be* – **am** *rywbeth* desire eagerly

awdurdodi *be* – *rhywun* **i** *wneud rhywbeth* authorize, empower

awgrymu *be* – *rhywbeth* **i** *rywun* suggest, intimate

awyddus *ans* – **i** *wneud rhywbeth*; – **am** *rywbeth* eager

baglu *be –* **dros** stumble

baglu *be – rhywun* **â** trip

balch *ans –* **o** happy, pleased

bargeinio *be –* **â** *rhywun* **am** *rywbeth* haggle

bargodi *be –* **dros** overhang

bario *be – rhywbeth* **â** bar

barnu *be –* **oddi wrth** *ryw dystiolaeth* judge

bastio *be – rhywbeth* **â** baste

batio *be –* **dros** *dîm arbennig* bat

becso *be –* **am** worry, vex

begian *be –* **am** beg, cadge

begian *be –* **ar** *rywun* **i** beg, plead

beichio *be – rhywun/rhywbeth* **â** burden

beio *be – rhywun* **am** *rywbeth*; *– rhywbeth* **ar** *rywun* blame

bendithio *be – rhywun/rhywbeth* **yn enw** bless

bendithio *be – rhywun* **â** be blessed (with)

benthyca *be – rhywbeth* **i** *rywun* lend

benthyca *be – rhywbeth* **o** *rywle*; **gan/oddi wrth** *rywun* borrow

berwi *be –* **o** *rywbeth*

betio *be –* **ar** bet

bidio *be –* **am** bid

biledu *be – rhywun* **gyda** *rhywun* billet

bilio *be – rhywun* **am** *rywbeth* bill

blino *be –* **ar** *rywbeth* tire

blodeuo *be –* **yn** bloom, flourish, flower

bloeddio *be* – **ar** *rywun*, **am** *rywbeth* shout, yell

blysio *be* – **am** lust, crave

bodlon *ans* – **ar** contented, satisfied

bodloni *be* – **ar** *rywbeth* be content with

bodloni *be* – **i** *rywbeth* acquiesce

bolltio *be* – *rhywbeth* **â** bolt

bolltio *be* – *rhywbeth* **wrth** bolt

bostio *be* – **am** boast

bradychu *be* – *rhywun/rhywbeth* **i** betray

brasbwytho *be* – *rhywbeth* **wrth** *rywbeth* tack, baste

brasnaddu *be* – *rhywbeth* **o** rough-hew

brasteru *be* – *rhywbeth* **â** baste

brechu *be* – *rywun* **â** *rhywbeth* **rhag** *rhywbeth* inoculate, vaccinate

brefu *be* – **am** bleat, low

breinio *be* – *rhywun* **â** bless, favour, invest

breuddwydio *be* – **am** *rywbeth* dream

briffio *be* – *rhywun* **am** brief, briefing

britho *be* – **â** speckle

brolio *be* – **wrth** *rywun* brag

bron *adf* – **â** almost, nearly

brwydro *be* – **dros**; – **yn erbyn** fight

brychu *be* – **â** fleck, spot

budrelwa *be* – **ar** profiteer

buddsoddi *be* – **yn** invest

bwrneisio *be* – *rhywbeth* **â** burnish

bwyta *be –* **drwy**; *–* **i mewn i** eat

byddaru *be – rhywun* **â** deafen

byrlymu *be –* **o** bubble, effervesce

byrstio *be –* **o** burst

bysio *be – rhywun* **i**; *– rhywun* **o** bus

bytio *be – rhywbeth* **yn erbyn** butt

cadeiryddiaeth hon *eb* **dan** *–* chairmanship

cadw *be – rhywun/rhywbeth* **rhag** *rhywbeth/gwneud rhywbeth* save

cadw *be –* **i** *wneud rhywbeth* keep

cadwyno *be – rhywun/rhywbeth* **wrth** chain

cael *be – rhywbeth* **gan** *rywun* get, have

caenu *be – rhywbeth* **â** coat

caethgludo *be – rhywun* **o** *rywle* **i** *rywle* deport, transport

caethiwo *be – rhywun/rhywbeth* **yn** *rhywle* imprison, confine, restrict

calcio *be – rhywbeth* **â** caulk

cambriodoli *be – rhywbeth* **i** attribute falsely

camdystiolaethu *be –* **yn erbyn** bear false witness

camddyfynnu *be – rhywbeth* **allan o** misquote

camesbonio *be – rhywbeth* **i** *rywun* misconstrue, misinterpret

camgyfeirio *be –* **at** *rywun/rywbeth*; *– rhywun* **i** *rywle* misdirect

camgyhuddo *be – rhywun* **o** accuse falsely

camgymryd *be – rhywun/rhywbeth* **am** mistake

camhysbysu *be – rhywun* **o** misinform

campio *be –* **ar** camp

camrannu *be – rhywbeth* **rhwng**

camwario *be* – **ar** misspend, squander

canfasio *be* – **dros** canvass

caniatâd hwn *eg* – **i** *rywun wneud rhywbeth* consent, permission

caniatáu *be* – **i** *rywun wneud rhywbeth* allow, grant, permit

canlyniad hwn *eg* **o** – consequence, outcome

canmol *be* – *rhywun* **am** compliment, praise

cannu *be* – *rhywbeth* **â** bleach

canolbwyntio *be* – **ar** concentrate, focus

canoneiddio *be* – *rhywun* **yn** sant canonize, canonization

canu *be* – **am** *rywun/rywbeth* sing

canu *be* – **i** *rywun/rywbeth*; – **am** *rywun/rywbeth*

capio *be* – *rhywbeth* **â** cap

carcharu *be* – *rhywun/rhywbeth* **yn** imprison, incarcerate

cardota *be* – **am** beg

caredig *ans* – **wrth**; – **tuag at** kind

cariad hwn *eg* – **at** *rywun/rywbeth* love

carlamu *be* – **dros** gallop

cas *ans* – **wrth** hateful, nasty, unkind

casglu *be* – **at** *rywun/rywbeth* collect, compile

cecran *be* – **â** bicker, quarrel

cedenu *be* – *rhywbeth* **â** nap

cefnogi *be* – *rhywun/rhywbeth* **drwy** encourage, support, endorse

cefnu *be* – **ar** *rywun/rywle/rywbeth* desert, withdraw

cega *be* – **â** bicker

ceisio *be* – *rhywbeth* **gan** *rywun* request, seek, ask for

celu *be – rhywbeth* **rhag** *rhywun* conceal, hide

cenfigennu *be –* **wrth** *rywun* **am** *rywbeth* be jealous, envy

cenhadu *be –* **dros** conduct a mission

cerfio *be – rhywbeth* **ar** carve

ceryddu *be – rhywun* **am** rebuke, reprimand

cethru *be –* **wrth** goad

ciledrych *be –* **ar** glance, peep

cilio *be –* **o**; **– i**; **– rhag** retreat, withdraw

cilwenu *be –* **ar** simper, sneer

ciniawa *be –* **ar** dine, feast, lunch

cipedrych *be –* **ar** glance

cipio *be – rhywbeth* **oddi ar** snatch, steal

ciwio *be –* **am** *rywbeth* queue

clamp hwn *eg –* **o** giant, whopper

clapian *be –* **wrth** *rywun* gossip, tell tales

clebran *be –* **wrth** *rywun* chatter, gossip

clecian *be –* **wrth** *rywun* gossip, tell tales

cledro *be – rhywbeth* **â** bash, wallop

clepian *be –* **wrth** *rywun* gossip, tell tales

clicio *be –* **ar** *rywbeth* click

clipio *be – rhywbeth* **â** clip, cut

clochdar *be –* **am** *rywbeth* **wrth** *rywun* cluck, cackle

clodfori *be – rhywun* **am** extol, glorify, praise

cloddio *be –* **am** excavate

cloncian *be –* **yn erbyn** clang, clatter

cloncian *be* – **wrth** *rywun* chat, gossip

closio *be* – **at** draw near, snuggle

clustfeinio *be* – **ar** listen intently

clustnodi *be* – *rhywun/rhywbeth* **ar gyfer** earmark

clwcian *be* – **ar** cluck

clymu *be* – *rhywun/rhywbeth* **wrth** knot, tie

clystyru *be* – **o gwmpas**; – **ynghyd** cluster

clywed *be* – **am** *rywbeth* **oddi wrth** *rywun* hear

cnocio *be* – *rhywbeth* **â**; – *rhywbeth* **yn erbyn** hit, knock, tap

coblo *be* – *rhywbeth* **at ei gilydd** cobble

coedio *be* – **arni** step on it

coethi *be* – **ar** bark

cofio *be* – **am** remember

cofrestru *be* – *rhywbeth* **ar** register, registration

colbio *be* – *rhywun/rhywbeth* **â** beat, thrash

coluro *be* – **yn/yn erbyn** *rhywbeth*

collfarnu *be* – *rhywun* **am** convict, condemn

comisiynu *be* – *rhywun* **i** commission

conach *be* – **am** grumble, moan

conan *be* – **am** grumble, moan

condemnio *be* – *rhywun* **i** condemn

condemnio *be* – *rhywbeth* **am** condemn

conffirmio *be* – *rhywun* **yn** confirm

consurio *be* – *rhywbeth* **allan o** conjure

cordeddu *be* – **ynghyd** twine, twist

corffori *be – rhywbeth* **yn** embody

coroni *be – rhywun/rhywbeth* **â**; *– rhywun* **yn** crown, coronation

cosbi *be – rhywun/rhywbeth* **am** *wneud rhywbeth* punish, chastise, penalize

cosi *be – rhywun/rhywbeth* **â** tickle

costrelu *be – rhywbeth* **i** bottle, preserve

cowtowio *be –* **o flaen**; *–* **ger bron** kowtow

crafu *be – rhywbeth* **â** scrape, scratch

craffu *be –* **ar** *rywun/rywbeth* observe closely, scrutinize

crampio *be – rhywbeth* **wrth** cramp

crawcian *be –* **ar** croak

crechwenu *be –* **ar** guffaw, sneer

credu *be –* **yn**; *–* **mewn** believe

crefu *be –* **ar** *rywun* **am** *rywbeth* beg, entreat, crave

creulon *ans –* **wrth** brutal, cruel, heartless

cribddeilio *be – rhywbeth* **gan** *rywun* extort

cribinio *be – rhywbeth* **ynghyd** rake, scrape together

cribo *be – rhywbeth* **â** card, comb

crimpio *be – rhywbeth* **â** crimp

crio *be –* **dros** cry

croesawu *be – rhywun* **i** *rywle* welcome

croesbeillio *be – rhywbeth* **â** cross-pollinate

croesgyfeirio *be –* **o** *rywbeth* **at** *rywbeth* cross-reference

croesholi *be – rhywun* **am** cross-examine

croesi *be – rhywbeth* **oddi ar** delete

crogi *be* – **wrth** *rywbeth* hang

crwydro *be* – **oddi ar** wander, roam

crybwyll *be* – *rhywbeth* **wrth** *rywun* mention, refer

crychdonni *be* – **dros** ripple

crychlamu *be* – **dros** leap, prance

crychneidio *be* – **dros** bound, caper

crynhoi *be* – **ynghyd** accumulate, amass

cuchio *be* – **ar** frown, scowl

cuddio *be* – *rhywun/rhywbeth* **rhag** cover, obscure

cuddliwio *be* – *rhywun/rhywbeth* **â** camouflage

curo *be* – **ar/wrth** *rywbeth* knock

cweryla *be* – **â**; – **gyda** quarrel

cwestiynu *be* – *rhywun* **am** question

cwffio *be* – **am**; – **dros**; – **yn erbyn** fight

cwrdd *be* – **â** *rhywun/rhywbeth* meet

cwrsio *be* – **ar ôl** chase

cwyno *be* – **wrth** *rywun/rywbeth* **am** *rywun/rywbeth* complain, grizzle, carp

cychwyn *be* – **am** *rywle* begin, originate

cydadweithio *be* – **i** interact, interplay

cydalaru *be* – **â** commiserate

cydberthyn *be* – **i** *rywbeth* correlate

cydbreswylio *be* – **â** cohabit

cyd-daro *be* – **â** coincide

cyd-deithio *be* – **â**, – **gyda** travel together

cyd-doddi *be –* â merge

cyd-drafod *be –* â negotiate, parley

cyd-dynnu *be –* â pull together

cyd-ddioddef *be –* â *rhywun* suffer together

cydeistedd *be –* â, *–* **gyda** sit together

cydfargeinio *be –* â *rhywun* **am** *rywbeth* bargain collectively

cydfodoli *be –* â coexist

cyd-fynd *be –* â agree, concur

cyd-fynd *be –* â accompany

cyd-fyw *be –* â cohabit, cohabitation

cydgerdded *be –* **gyda** accompany

cydgyfranogi *be –* **o** participate jointly

cydgymysgu *be –* â intermingle, intermix

cydgynllwynio *be –* **gyda** collude, connive

cydgynnal *be –* **gyda** mutually support

cydgysylltu *be –* â coordinate, join together

cydio *be –* **yn** *rhywun/rhywbeth* hold, seize

cydlawenhau *be –* â *rhywun*

cydletya *be –* **gyda** share lodgings

cydlynu *be –* â coordinate

cydoesi *be –* â be a contemporary

cydorwedd *be –* â *rhywun/rhywbeth*; *–* **ar** lie side by side, sleep together

cydradd *ans –* â equal

cydredeg *be – rhywbeth* â coincide

cydsefyll *be* – â stand together

cydseinio *be* – â be in harmony

cydsoddi *be* – *rhywbeth* â merge

cydsymud *be* – â coordinate

cydsynio *be* – â agree, assent

cydweddu *be* – â conform

cydweithio *be* – â/gyda collaborate, cooperate

cydweithredu *be* – â collaborate, cooperate

cyd-weld *be* – â *rhywun* am *rywbeth* agree, see eye to eye

cydymdeimlo *be* – â *rhywun* am *rywbeth* sympathize, commiserate

cydymdreiddio *be* – â interpenetrate

cydymffurfio *be* – â conform

cydymgeisio *be* – am; – i attempt jointly

cydymgynghori *be* – â consult, confer

cyddwyso *be* – ar condense

cyfaddawdu *be* – â compromise

cyfaddef *be* – *rhywbeth* wrth *rywun* admit, confess, concede

cyfamodi *be* – i contract

cyfanwerthu *be* – *rhywbeth* am sell wholesale

cyfarch *be* – *rhywun* wrth ei enw greet, address

cyfareddu *be* – *rhywun* â charm, captivate, enchant

cyfarfod *be* – â meet

cyfarparu *be* – *rhywun* â equip

cyfartal *ans* – â equal

cyfarth *be* – ar bark, yelp

cyfarwydd *ans* – â familiar

cyfarwyddo *be* – â become accustomed to

cyfateb *be* – i correspond, tally

cyfathrachu *be* – â mix

cyfathrebu *be* – â communicate

cyfeilio *be* – i accompany

cyfeillachu *be* – â associate

cyfeirio *be* – at refer, allude

cyferbynnu *be* – â contrast, oppose

cyfethol *be* – *rhywun* i neu ar co-opt

cyfieithu *be* – o *rywbeth* i translate

cyflafareddu *be* – **rhwng** mediate, arbitrate

cyflenwi *be* – *rhywbeth* â deliver, supply

cyfleu *be* – *rhywbeth* i convey

cyflogi *be* – *rhywun* i employ, hire, engage

cyfludo *be* – *rhywbeth* **wrth** agglutinate

cyflwyno *be* – *rywun/rywbeth* i present, confer

cyflyru *be* – *rhywun* i condition

cyfnerthu *be* – *rhywbeth* â fortify, stiffen, strengthen

cyfnerthu *be* – *rhywbeth* **yn erbyn** consolidate, consolidation

cyfnewid *be* – *rhywbeth* **am** barter, exchange, trade

cyfoesi *be* – â be contemporary with

cyfoethogi *be* – â enrich, make rich

cyfrannu *be* – at; – i contribute

cyfranogi *be* – o partake

cyfryngu *be* – **rhwng** mediate, intervene

cyfunioni *be* – *rhywbeth* **â** align

cyfuno *be* – *rhywbeth* **â** become one, combine

cyfweld *be* – **â** interview

cyfyngu *be* – **ar** contract, limit, restrict

cyffelybu *be* – *rhywun/rhywbeth* **i** compare

cyffesu *be* – *rhywbeth* **wrth** *rywun* admit, confess

cyffinio *be* – **â** adjoin

cyffredinoli *be* – **am** generalize

cyffwrdd *be* – **â** *rhywun/rhywbeth* touch

cynghori *be* – *rhywun* **i** advise, recommend, counsel

cyhoeddi *be* – *rhywbeth* **i** *rywun*; – *rhywun* **yn** announce, declare, issue

cyhuddo *be* – *rhywun* **o** *rywbeth/wneud rhywbeth* accuse

cylchdroi *be* – **o amgylch**; – **o gwmpas** circle, revolve

cylchu *be* – *rhywbeth* **â** hoop

cylchynu *be* – **o gwmpas** surround, besiege

cyllidebu *be* – **ar gyfer** budget

cymaint *ans* – **o** *rywbeth* as big, as important, as long, as many, as much, only so much

cymathu *be* – **â** assimilate

cymdeithasu *be* – **gyda** socialize

cymell *be* – *rhywun* **i**; – *rhywbeth* **ar** *rywun* urge, encourage, coax

cymeradwyo *be* – *rhywun/rhywbeth* **i** approve, endorse, recommend

cymharu *be* – *rhywun/rhywbeth* **â** compare, liken

cymhwyso *be – rhywbeth* **at** *rywbeth* adapt, adjust, qualify

cymodi *be –* **rhwng**; *– rhywun/rhywrai* **â** conciliate, reconcile

cymrodeddu *be –* **rhwng** arbitrate

cymudo *be –* **o, i**; *–* **rhwng** commute

cymynnu *be – rhywbeth* **i** bequeath

cymysgu *be – rhywbeth* **â** *rhywbeth* mix, blend

cymysgu *be –* **rhwng** pethau confuse

cyn *ardd –* **i** *rywun wneud rhywbeth* before, previous to

cynefin *ans –* **â** accustomed, familiar

cynefino *be –* **â** *rhywun/rhywbeth* become used to, familiarize, habituate

cynffonna *be –* **i** *rywun* fawn, flatter

cynhemlu *be –* **uwchben** contemplate, meditate

cynhenna *be –* **â** quarrel

cynllwynio *be –* **i** *wneud rhywbeth* conspire, plot, collude

cynnig *be – rhywbeth* **i** *rywun* offer, proffer

cynnig *be –* **am** *rywbeth* apply, attempt, try(for)

cynnull *be – rhywrai* **ynghyd** collect, gather together

cynorthwyo *be – rhywun* **i** assist, help

cynysgaeddu *be – rhywun* **â** *rhywbeth* endow

cyplu *be – rhywbeth* **wrth** couple

cyplu *be –* **â** mate

cyplysu *be – rhywun/rhywbeth* **â** couple, join, connect

cyrcydu *be –* **ar** crouch, squat

cyrchu *be –* **at**; *–* **am** *rywle* make for

cysegru *be* – *rhywbeth* **i** consecrate, devote

cysgodi *be* – **dan**; – *rhywun/rhywbeth* **rhag** *rhywun/rhywbeth* shelter, take cover

cysoni *be* – *rhywbeth* **â** reconcile

cystadlu *be* – **yn erbyn**; – **â** *rhywun* **am** *rywbeth* compete, contest, vie

cysylltu *be* – *rhywun/rhywbeth* **â** connect, join, link

cytuno *be* – **â** *rhywun* **am** *rywbeth* agree, concur

cytuno *be* – **i**; – **ar** strike a bargain

cythru *be* – **am** rush, scurry

cywain *be* – *rhywbeth* **ynghyd**; – *rhywbeth* **i** gather in (the harvest), gather together

cyweddu *be* – **â**; – *rhywbeth* **â** coordinate, match

cywilyddio *be* – **am** be ashamed

chwannog *ans* – **i** *wneud rhywbeth* inclined, prone, susceptible

chwannog *ans* – **am** *rywbeth* eager

chwantu *be* – **am** desire

chwarae *be* – **â** *rhywun/rhywbeth*; – **gyda** *rhywun* play

chwarae *be* – **dros** dîm, gwlad, etc. play

chwarela *be* – **am** dig, quarry

chwennych *be* – **am** covet, lust, long

chwerthin *be* – **am** laugh

chwerw *ans* – **tuag at:wrth** *rywun* bitter, embittered

chwerwi *be* – **wrth** become bitter, embitter

chwibanu *be* – **am** *rywbeth*; – **ar** *rywun* whistle

chwilenna *be* – **am** rummage

chwilfrydig *ans –* **am** curious, inquisitive

chwilio *be –* **am** *rywun/rywbeth;* **– drwy** *rywbeth* examine, search

chwilmanta *be –* **am** rummage

chwilota *be –* **am** rummage, search

chwisgio *be – rhywbeth* **â** whisk

chwistrellu *be –* **i**; **– dros** spray, squirt

chwydu *be –* **dros** besick, vomit

chwyrnu *be –* **ar** snarl

dabio *be – rhywbeth* **â** dab

dablan *be –* **yn** dabble

dadbwytho *be – rhywbeth* **â** unpick

dadebru *be – rhywun* **â**; *– rhywun* **o** revive, rouse

dadflino *be –* **drwy** rest, revive

dadflocio *be – rhywbeth* **â** unblock

dadlau *be –* **â** *rhywun* **am** *rywbeth* argue

dadlau *be –* **dros**; **– yn erbyn** debate

dadwreiddio *be – rhywbeth/rhywun* **o** uproot

dal *be –* **yn** *rywbeth* catch, hold, support

dal *be –* **i** *wneud rhywbeth* continue, persevere, still

dallu *be – rhywun/rhywbeth* **â** blind, dazzle

damcaniaethu *be –* **am** conjecture, hypothesize, speculate

damnio *be – rhywun/rhywbeth* **am** curse, swear

damsang *be – rhywun/rhywbeth* **dan** crush, trample

damweinio *be –* **ar** chance upon, happen

danfon *be –* **o**; **– i**; **– am** send

danfon *be* – **at** send

dangos *be* – *rhywbeth* **i** *rywun* show

dannod *be* – *rhywbeth* **i** *rywun* reproach

dannoedd hon *eb* – **ar** *rywun* toothache

darbwyllo *be* – *rhywun* **o** convince, persuade

darlithio *be* – **ar** *rywbeth* **i** *rywun* lecture

darllen *be* – *rhywbeth* **i** read

darllen *be* – **am** read

darofun *be* – *gwneud rhywbeth* intend, propose

darostwng *be* – **i** humble, subdue, subjugate

darparu *be* – *rhywbeth* **i** *rywun*; – *rhywbeth* **ar gyfer** provide, prepare, cater

datblygu *be* – **yn** *rhywun* develop

datgelu *be* – *rhywbeth* **i** disclose, divulge, reveal

datgloi *be* – *rhywbeth* **â** unlock

datgyplu *be* – *rhywbeth* **oddi wrth** decouple

datgyweddu *be* – **oddi wrth** disengage

datseimio *be* – *rhywbeth* **â** degrease

dawnsio *be* – **gyda** *rhywun* dance

debydu *be* – *rhywbeth* **o** debit

dechrau *be* – **o** *rywle*; – **gyda** *rhywbeth* begin, commence, start

dedfrydu *be* – *rhywun* **i** sentence

deddfu *be* – **dros**; – **yn erbyn** enact, legislate

defnyddio *be* – *rhywbeth* **i**; – *rhywbeth* **yn** use, utilize

defnynnu *be* – **ar** drip

dehongli *be* – *rhywbeth* **i** *rywun* interpret, construe

deifio *be* – **i** *rywbeth* dive

deillio *be* – **o** *rywle* derive, stem from

deisyf *be* – **ar** *rywun* beseech, supplicate

delio *be* – **â** deal

denu *be* – *rhywun/rhywbeth* **at** attract, draw, entice

derbyn *be* – *rhywbeth* **gan** receive

dewis *be* – **rhwng** choose, pick

diaelodi *be* – *rhywun* **o** debar

dial *be* – **ar** *rywun* **am** *rywbeth* avenge, wreak vengeance

dianc *be* – **rhag** *rhywun/rhywbeth* escape, flee

diau *ans* – **i** *rywun wneud rhywbeth* certain, sure, undoubted

dibennu *be* – **â** conclude, end, finish

dibynnu *be* – **ar** *rywun* **am** *rywbeth* depend on, rely

dichon *adf* – **i** *rywun wneud rhywbeth* perhaps

didoli *be* – *rhywbeth* **oddi wrth** separate, sort

didynnu *be* – *rhywbeth* **oddi wrth** deduct

diddanu *be* – *rhywun* **â** amuse, entertain

diddori *be* – *rhywun* **â** interest

diddwytho *be* – *rhywbeth* **oddi wrth** deduce

diddyfnu *be* – *rhywun/rhywbeth* **oddi ar** wean

dieithrio *be* – **rhag** alienate, estrange

difeddiannu *be* – *rhywun* **o** expropriate

difeio *be* – *rhywun* **o** exculpate

diferu *be* – **dros** drip

diflannu *be* – **o**; – **oddi ar** disappear, vanish

diflasu *be* – **ar** bore, weary

difreinio *be* – *rhywun* **o** deprive

difyrru *be* – *rhywun* **â** amuse, entertain

dig hwn *eg* – **wrth** anger, indignation

digio *be* – **wrth** *rywun* **am** *rywbeth* offend, take offence

digolledu *be* – *rhywun* **am** compensate, recompense

digon hwn *eg* – **o** enough

digroeni *be* – *rhywbeth* **â** flay, skin

digwydd *be* – **i** happen

diheigiannu *be* – *rhywle* **o** disinfest

dihoeni *be* – **am** languish, pine

dihuno *be* – **o** awake

dihysbyddu *be* – *rhywbeth* **o** deplete, drain, exhaust

dileu *be* – *rhywbeth* **o** abolish, delete

dilladu *be* – *rhywun* **â** clothe, dress

dinasu *be* – **yn** live as a citizen

dinerthu *be* – *rhywun/rhywbeth* **drwy** enervate

dinistrio *be* – *rhywbeth* **â**; – *rhywbeth* **drwy** annihilate, destroy, ruin

dinoethi *be* – *rhywbeth* **o** denude

dioddef *be* – **o** suffer

diogelu *be* – *rhywun/rhywbeth* **rhag** protect

diolch *be* – **i** *rywun* **am** *rywbeth/wneud rhywbeth* thank

diosg *be* – *rhywbeth* **oddi am** strip, takeoff (clothing)

dipio *be* – *rhywbeth* **yn** dip

diraddio *be – rhywun/rhywbeth* **o** debase, degrade

dirmygu *be – rhywun* **am** despise, disparage, spurn

dirprwyo *be –* **dros** *rywun* deputize, substitute

dirprwyo *be – rhywbeth* **i** *rywun* delegate, depute

dirwyo *be – rhywun* **am** fine

disgleirio *be –* **ar** shine, sparkle

disgwyl *be –* **am** *rywun/rywbeth* expect

disgwyl *be –* **i** *rywbeth* ddigwydd await, expect, wait

disgwyl *be –* **am** look for, search

disgyblu *be – rhywun* **am** discipline

disgyn *be –* **oddi ar** fall

ditio *be – rhywun* **o** indict

diurddo *be – rhywun* **o** unfrock, cashier

diwreiddio *be – rhywbeth* **o** uproot

dod *be –* **yn** *rhywun/rhywbeth* become, grow

dodi *be – rhywbeth* **ar** put

doethinebu *be –* **am** pontificate

donio *be –* **â** endow

dosio *be – rhywun/rhywbeth* **â** dose

dotio *be –* **ar** *rywun*; **– am/ at** *rywbeth* be infatuated, dote

drewi *be –* **o** reek, stink

dringo *be –* **i fyny** climb, scale

drilio *be –* **drwy** drill, bore

drilo *be –* **drwy** drill

drwgdybio *be – rhywun* **o** distrust, mistrust, suspect

drysu *be – rhywun* **â** bewilder, turn upside down

dwbio *be – rhywbeth* **â** daub

dwdlan *be –* **ar** doodle

dweud *be –* **wrth** *rywun* **am** *rywbeth* say

dweud *be –* **wrth** *rywun* recite, tell

dwlu *be –* **ar** *rywun/rywbeth* love, adore, dote

dwrdio *be – rhywun* **am** scold, chasten, chide

dwyn *be – rhywbeth* **oddi ar** *rywun* steal

dychwelyd *be –* **at** berson; – **i** le return, revert

dyfalbarhau *be –* **i** persevere

dyfynnu *be –* **o** quote, cite

dygnu *be –* **arni** persevere, persist

dygymod *be –* **â** accept, be reconciled to, come to terms, put up with

dyheu *be –* **am** crave, aspire

dyhuddo *be – rhywbeth* **i** appease

dylanwadu *be –* **ar** hold sway, influence

dympio *be – rhywbeth* **ar** dump

dymuno *be – rhywbeth* **i** *rywun*; – **i** *rywun wneud rhywbeth* desire, wish

dynesu *be –* **at** *rywle* approach, draw near

dyrannu *be – rhywbeth* **rhwng** shareout

dyrchafu *be – rhywbeth* **i** lift, elevate, lift up

dysgu *be – rhywbeth* **i** *rywun*; – *rhywun/rhywbeth* **i** *wneud rhywbeth*; – *rhywun* **am** *fywun/rywbeth* teach, educate, provide tuition

dyweddïo *be –* **â** become engaged, betroth

ebe *bf* – *rhywun* **wrth** *rywun* said, quoth

e-bostio *be* – *rhywbeth* **at** *rywun* e-mail, email

echdynnu *be* – *rhywbeth* **o** extract

echrydu *be* – **rhag**

edifarhau *be* – **am** *wneud rhywbeth* regret, repent

edliw *be* – *rhywbeth* **i** *rywun* reproach, reprove, upbraid

edwytho *be* – *rhywbeth* **o** educe

effeithio *be* – **ar** *rywun/rywbeth* effect, have an effect

egluro *be* – *rhywbeth* **i** *rywun* explain, clarify, enlighten

ehangu *be* – **ar** broaden, expand

e-hebu *be* – **â**

eiddgar *ans* – **am** *rywbeth* enthusiastic, ardent, zealous

eiddigeddu *be* – **at**; – **wrth** be jealous, envy

eiledu *be* – **â** alternate

eilyddio *be* – *rhywun* **â** substitute

eillio *be* – *rhywun/rhywbeth* **â** shave

eiriol *be* – **dros** *rywun* plead, beseech, entreat

eistedd *be* – **ar** *rywbeth*; – **wrth** *rywbeth* sit

eithrio *be* – *rhywun/rhywbeth* **o** exclude, exempt, except, opt out

elino *be* – **drwy** elbow

elwa *be* – **o** profit

embeslo *be* – *rhywun* **o** embezzle, embezzlement

encilio *be* – **i**; – **rhag** retreat, withdraw

eneinio *be* – *rhywun/rhywbeth* **â** anoint

engrafu *be* – *rhywbeth* **ar** engrave

enwaedu *be* – **ar** circumcise, circumcision

enwebu *be* – *rhywun* **am/ar gyfer/yn** nominate

enwi *be* – *rhywun* **yn** name, call, specify

enwog *ans* – **am** *rywbeth* famous, celebrated, noted

erbyn *cysylltair* – **i** *rywun wneud rhywbeth* by the time

erchi *be* – **i** *rywun wneud rhywbeth* ask, seek

erfyn *be* – **ar** *rywun*; – **dros** *rywun* beg, entreat, implore

ergydio *be* – **at** aim, allude

erlid *be* – *rhywun* **am** persecute, hound, harry

erlyn *be* – *rhywun* **am** prosecute, sue

esblygu *be* – **o** evolve

esbonio *be* – *rhywbeth* **i** explain

esgor *be* – **ar** *rywun/rywbeth* give birth to, give rise to

esgus hwn *eg* – **dros** excuse, pretext

esgus hwn *eg* – **o** pretend

esgusodi *be* – *rhywun* **am** excuse

esgusodi *be* – *rhywun* **rhag** excuse

esgyn *be* – **i** rise, ascend

esmwytháu *be* – **ar** ease, smooth

estraddodi *be* – *rhywun* **o** extradite

estyn *be* – **at**; – **am**; – *rhywbeth* **i** extend

ethol *be* – *rhywun* **i/yn** elect

euog *ans* – **o** *wneud rhywbeth* guilty, culpable

euogfarnu *be* – *rhywun* **o** convict

ewyllysio *be* – *rhywbeth* **i** bequeath, will

ewynnu *be* – **dros** froth, foam

fampio *be* – **ar** vamp

ffafrio *be* – *rhywun* **â** favour, prefer

ffanio *be* – *rhywbeth* **â** fan

ffarwelio *be* – **â** bid farewell

ffasno *be* – *rhywbeth* **â**; – *rhywbeth* **wrth** fasten

ffawdheglu *be* – **i** hitch-hike

ffeilio *be* – *rhywbeth* **â** file

ffeilio *be* – *rhywbeth* **yn** file

ffeirio *be* – *rhywbeth* **am** barter, exchange, swap

ffieiddio *be* – *rhywun* **am** abhor, detest, hate

ffiledu *be* – *rhywbeth* **â** fillet

ffinio *be* – **â**; – **ar** abut, border, verge

ffitio *be* – **i**; – **am** fit

fflachio *be* – **ar** flash

fflagio *be* – **ar** flag

fflicio *be* – *rhywbeth* **at** flick

fflyrtio *be* – **â** flirt

ffocysu *be* – **ar** focus

ffoi *be* – **rhag** flee, runaway

ffoli *be* – **ar** *rywbeth* dote, adore, be infatuated

fforio *be* – **i** explore

ffowlio *be* – **yn erbyn** foul

ffraeo *be* – **â** *rhywun* **am** *rywbeth* quarrel, squabble

ffromi *be* – **at** bluster, fume, rage

ffrothio *be –* **dros** froth

ffrwythloni *be – rhywbeth* **â** fertilize

ffureta *be –* **am** ferret

ffurfio *be – rhywbeth* **o/yn** form

ffwdanu *be –* **am** bother, fuss

ffydd hon *eb –* **yn** confidence, faith

ffysio *be –* **am** fuss

gadael *be –* **i** *rywun wneud rhywbeth* entrust

gadael *be –* **i** *rywun wneud rhywbeth* allow, let

gadael *be – rhywbeth* **i** *rywun/rywbeth* bequeath, leave

gafael *be –* **yn/mewn** grasp, grip, hold tight

galarnadu *be –* **am**; – **uwchben** lament, keen

galaru *be –* **am** grieve, mourn

galw *be –* **am** *rywbeth* call, cry, hail

galluogi *be – rhywun* **i** *wneud rhywbeth* enable

gamblo *be –* **ar** gamble

gefeillio *be –* **â** twin

gefynnu *be – rhywun/rhywbeth* **wrth** fetter, shackle

gelyniaethu *be – rhywun* **drwy** alienate

geni *be – rhywun* **yn** birth, give birth to

glafoerio *be –* **dros** drivel, salivate, slobber

glanio *be –* **ar** *rywbeth* dock, land

glastwreiddio *be – rhywbeth* **â** dilute, weaken

glaswenu *be –* **ar** simper, smirk, sneer, snigger

glawio *be –* **ar** rain

gleidio *be* – **ar** glide

gludio *be* – *rhywbeth* **i**; – *rhywbeth* **wrth** glue, paste

glynu *be* – *rhywbeth* **wrth** stick, adhere

glynu *be* – **wrth** stick (to)

gobeithio *be* – **am** hope

gochel *be* – **rhag** avoid, beware of

gofal hwn *eg* – **am** care

gofalu *be* – **am** care, look after, take care

goferu *be* – **dros** gush, overflow, pour, stream

gofidio *be* – **am** be anxious, worry

gofyn *be* – **i** *rywun* **am** *rywbeth* ask

gofyn *be* – **am** *rywbeth* **oddi wrth/gan** *rywun*; – **i** *rywun* **am** *rywbeth* ask, request

gofyn *be* – **i** *rywun wneud rhywbeth* ask, invite

goganu *be* – *rhywun/rhywbeth* **am** caricature, lampoon, satirize

goglais *be* – *rhywun/rhywbeth* **â** tickle, titillate

gogwyddo *be* – **i** tend, veer

gogwyddo *be* – **at/tuag at** tend

gogyfer *ans* – **â** facing, opposite

gogyfer *ans* – **â** for, for the purpose of

gohebu *be* – **â** correspond

golchi *be* – **yn erbyn** wash

goleddfu *be* – **i** slant, slope

goleuo *be* – *rhywun* **ynglŷn â** enlighten

goliwio *be* – *rhywbeth* **â** illuminate

golwg hwn *eg* – **ar** admiration, regard, respect

goradweithio *be* – **i** overreact

gorchuddio *be* – *rhywbeth* **â** cover, coat, envelop

gorchymyn *be* – **i** *rywun wneud rhywbeth* command, order

gorchymyn hwn *eg* – **i** *rywun wneud rhywbeth* order, command, decree

gordanysgrifio *be* – **i** oversubscribe

gordoi *be* – *rhywbeth* **â** cover

gordderchu *be* – **gyda** fornicate

gorddibynnu *be* – **ar** be overdependent

gorelwa *be* – **ar** profiteer

gorferwi *be* – **dros** boil over

gorfod *be* – **i** must, be compelled to, have to

gorfodi *be* – *rhywun* **i** *wneud rhywbeth*; – *rhywbeth* **ar** *rywun* compel, force, make

gorfodogi *be* – *rhywbeth* **gan** sequester

gorfoleddu *be* – **yn** *rhywbeth* rejoice, delight in

gorffen *be* – **â** end, finish, conclude

gorffwys *be* – **rhag** rest

gorffwys *be* – **ar**; – **yn erbyn** rest (on)

gorgyffwrdd *be* – **â** overlap

gorgymhlethu *be* – *rhywbeth* **â**; – *rhywbeth* **drwy** overcomplicate

gor-hoff *ans* – **o** overfond

gorlenwi *be* – *rhywbeth* **â** overfill

gorlethu *be* – *rhywun/rhywbeth* **â** overcome

gorlifo *be* – **dros** flood, overflow, inundate

gorlwytho *be* – *rhywun/rhywbeth* **â** overburden, overload

gormod hwn *eg* – **o** excess, too many

goruchafu *be* – **ar** predominate

gorwedd *be* – **ar** lie

gorweddian *be* – **ar** lounge, recline, sprawl

gorymateb *be* – **i** overreact

gosod *be* – *rhywbeth* **ar** put, place

gosod *be* – *rhywbeth* **i** *rywun* set, impose

gresynu *be* – **at/wrth** *rywun/rywbeth* be sorry for, deplore, pity

grwgnach *be* – **am** grumble, grouse

grwpio *be* – **ynghyd**; – *rhywbeth* **gyda** group

grymuso *be* – *rhywbeth* **drwy/wrth** strengthen, fortify, empower

gwahaniaethu *be* – **rhwng** distinguish

gwahaniaethu *be* – **oddi wrth** differ

gwahaniaethu *be* – **yn erbyn** *rhywun* discriminate

gwahardd *be* – *rhywun* **rhag** ban, forbid, prohibit

gwahodd *be* – *rhywun* **i** invite

gwanedu *be* – *rhywbeth* **â** dilute

gwarafun *be* – **i** *rywun wneud rhywbeth* forbid, prevent, prohibit

gwarantu *be* – *rhywbeth* **i** guarantee, underwrite

gwarchod *be* – *rhywun/rhywbeth* **rhag** *rhywun/rhywbeth* guard, look after, protect

gwared *be* – *rhywun/rhywbeth* **rhag** save, deliver

gwargrymu *be* – **dros** stoop

gwario *be –* **ar** spend

gwasanaethu *be –* **ar** *rywun* serve

gwawdio *be –* *rhywun/rhywbeth* **am** mock, jeer, deride

gweddïo *be –* **ar** *rywun* **am** *rywbeth*; *–* **dros** *rywun* pray

gweddu *be –* **i** suit, befit

gweiddi *be –* **ar** *rywun* **am** *rywbeth* shout, yell

gweini *be –* **ar** attend, wait upon

gweithio *be –* **i** *rywun*; *–* **dros** *rywun* work

gweld *be –* *rhywun* **yn** see

gwenu *be –* **ar** grin, smile

gwenwyno *be –* *rhywun/rhywbeth* **â** poison

gwerthu *be –* *rhywbeth* **am** sell

gwerthu *be –* *rhywbeth* **i** sell

gweryru *be –* **ar** neigh, whinny

gwgu *be –* **ar** frown, glower, scowl

gwibio *be –* **heibio**; *–* **am** dart, flit, rush

gwifro *be –* *rhywbeth* **wrth** *rywbeth* wire

gwirfoddoli *be –* **i** *wneud rhywbeth* volunteer

gwirio *be –* *rhywbeth* **â** check, verify, ascertain

gwirioni *be –* **ar** be infatuated, be obsessed, dote

gwisgo *be –* *rhywbeth* **â** adorn, dress

gwledda *be –* **ar** feast, revel

gwneud *be –* *rhywun* **yn** make

gwneud *be –* *rhywbeth* **i** make

gwnïo *be –* *rhywbeth* **ar** sew, stitch

gwobrwyo *be* – *rhywun* **â**; – *rhywun* **am** award, reward

gwrando *be* – **ar** listen

gwrando *be* – **ar** listen

gwresogi *be* – *rhywbeth* **â** heat

gwroli *be* – **drwyddo** take heart

gwrteithio *be* – *rhywbeth* **â** manure, fertilize

gwrthbrofi *be* – *rhywbeth* **drwy** disprove, refute

gwrthbwyso *be* – *rhywbeth* **â** counterbalance, offset

gwrthdaro *be* – **rhwng** clash, conflict

gwrthdystio *be* – **yn erbyn** protest

gwrthddadlau *be* – **yn erbyn** argue against

gwrthgyfnewid *be* – *rhywbeth* **â** counterchange

gwrthgyhuddo *be* – *rhywun* **o** recriminate

gwrthlamu *be* – **oddi ar** rebound, recoil

gwrthryfela *be* – **yn erbyn** rebel, revolt

gwrthweithio *be* – **yn erbyn** counteract

gwrthymosod *be* – **ar** counter-attack

gwthio *be* – **yn erbyn**; – *rhywbeth* **yn erbyn** jostle, push, shove

gwybod *be* – **am** know (a fact or facts)

gwybodaeth hon *eb* – **am** *rywun* neu *rywbeth* knowledge

gwylio *be* – **dros** tend, watch

gwylio *be* – **rhag** watch

gwylltio *be* – **at** become angry

gwyniasu *be* – **am** become white-hot, incandesce

gwyro *be* – **o:at**; – *rhywbeth* **o:i** bend, incline, swerve

gwysio *be* – *rhywun* **i** summon
gymio *be* – *rhywbeth* **wrth** gum
hacio *be* – **i** hack
haenellu *be* – *rhywbeth* **â** plate
hafal *ans* – **i** comparable, equal
halio *be* – **ar** haul, heave, lug
halogi *be* – *rhywbeth* **â** corrupt, contaminate, defile
hambygio *be* – *rhywun* **am** plague
hanu *be* – **o** *rywle* derive from, originate
hapfasnachu *be* – **ar** speculate
hapio *be* – **ar** chance, happen
hapus *ans* – **i** *wneud rhywbeth* happy
heblaw *ardd* – **am** apart from, besides
hedfan *be* – **dros** fly, soar
hedfan *be* – **heibio** fly
heibio *adf* – **i** *rywun neu rywle* by, past
heicio *be* – **i** hike
heidio *be* – **at** swarm, flock, teem
hela *be* – **ar** spend
helpu *be* – **gyda** help
hendrefa *be* – **yn** winter
hergydio *be* – **o'r ffordd** shove
herio *be* – *rhywun* **i** challenge, contest
hewian *be* – **am** moan, nag
hidio *be* – **am** heed, mind, worry

hiraethu *be* – **am** long

hisian *be* – **ar** hiss

hoelio *be* – *rhywbeth* **wrth/ar** nail

hofran *be* – **o gwmpas** hover

hogi *be* – *rhywbeth* **ar** hone, sharpen, whet

hongian *be* – **wrth**; – **o** hang, suspend

holi *be* – **am** ; – *rhywun* **am** ask, inquire, interrogate, question

hollti *be* – *rhywbeth* **â** cleave, split

hopian *be* – **o** *rywle* **i** hop

hualu *be* – *rhywbeth* **â** fetter, shackle

hurio *be* – *rhywun/rhywbeth* **i** hire

hurtio *be* – **ar** become silly, be infatuated

hwpo *be* – *rhywbeth* **o'r ffordd** push, shove

hwtian *be* – **ar** hoot

hyderus *ans* – **am** confident, assured

hyddysg *ans* – **yn** learned, expert

hyfforddi *be* – *rhywun/rhywbeth* **i** coach, train, instruct

hysbysu *be* – *rhywun* **am** inform, notify

hysian *be* – *rhywbeth* **ar** ; – *rhywun* **ymlaen** incite, urge

iacháu *be* – *rhywun* **o** cure, make better

iawn *hwn eg* – **dros** atonement, compensation, redress

ildio *be* – **i**; – *rhywbeth* **i** *rywun* surrender, yield, capitulate

imiwneiddio *be* – *rhywun/rhywbeth* **rhag** immunize

indemnio *be* – *rhywun/rhywbeth* **rhag** indemnify

inswleiddio *be* – *rhywbeth* **rhag** insulate

integreiddio *be* – **i mewn i** integrate

islaw *adf* – **i** *rywun neu rywle* below, underneath

jacio *be* – *rhywbeth* **â** jack

jibio *be* – **wrth** jib

jincian *be* – **heibio** jink

jogio *be* – **ar hyd** jog

labelu *be* – *rhywun/rhywbeth* **yn** label

lagio *be* – *rhywbeth* **â** lag

laminiadu *be* – *rhywbeth* **â** laminate

lapio *be* – *rhywbeth* **yn** swaddle, wrap

leinio *be* – *rhywbeth* **â** line

lojio *be* – **gyda** lodge

lojo *be* – **gyda** lodge

loncian *be* – **ar hyd** jog

lordio *be* – **ar** show off, swank

llachio *be* – *rhywun/rhywbeth* **â** lash

lladrata *be* – *rhywbeth* **oddi ar**; – **o** pilfer, rob, steal

llaesu *be* – *rhywbeth* **â** ease, slacken

llafurio *be* – **uwchben** labour, toil

llamu *be* – **dros** jump, leap, spring

llawenhau *be* – **yn** be glad, gladden, rejoice

llawnder *hwn eg* – **o** abundance, fullness

llechu *be* – **rhag** hide, lurk, skulk

llechu *be* – **y tu ôl i** shelter

lledaenu *be* – **dros** spread, disseminate, promulgate

lled-gyffwrdd *be –* **â** touch upon

lled-gytuno *be –* **â** agree more or less

lled-orwedd *be –* **ar** loll, recline

llefaru *be –* **wrth** recite, speak, utter

lleithio *be – rhywbeth* **â** dampen

lleoli *be – rhywbeth* **yn** locate

llercian *be –* **y tu ôl i** lurk

llesteirio *be – rhywun/rhywbeth* **rhag** hinder, impede, obstruct

lletya *be –* **gyda** lodge

llethu *be – rhywun* **â** oppress, overwhelm, stifle, suppress, swamp

llidio *be –* **wrth/yn erbyn** *rhywun* become enraged, become infuriated

llifio *be –* **drwy** saw

llifo *be –* **i** flow, gush

lliwio *be – rhywbeth* **â** colour, imbue

llocio *be –* **mewn** pen, impound

llochesu *be –* **rhag** shelter

llofneidio *be –* **dros** vault

llongddryllio *be –* **ar** shipwreck

lluchio *be – rhywbeth* **at** fling, lob, throw

llunio *be – rhywbeth* **o** fashion, form, shape

llusgo *be – rhywbeth* **o** rywle **i** rywle haul, drag, lug

llwyddo *be –* **i** *wneud rhywbeth* succeed

llwyo *be – rhywbeth* **o** rywle **i** spoon

llwyrymatal *be –* **rhag** abstain

llwyrymdrochi *be –* **yn**

llwyr-ymdrochi *be –* **yn** completely immerse

llwytho *be –* *rhywbeth* **â** load

llygadrythu *be –* **ar** peer, stare

llygru *be –* *rhywbeth* **â** adulterate, contaminate, taint

llythyr hwn *eg –* **at** letter

llythyru *be –* **â** correspond

llywio *be –* *rhywbeth* **i** steer, pilot

llywodraethu *be –* **ar** govern

machlud *be –* **dros** set

maddau *be –* *rhywbeth* **i** *rywun*; *–* **i** *rywun* **am** *rywbeth* forgive, pardon

maglu *be –* *rhywbeth* **yn** snare, trap

magu *be –* *rhywun* **yn** acquire, gain

malais hwn *eg –* **at** malice, spite

mân-sôn *be –* **am** mutter

manteisio *be –* **ar** exploit, take advantage of

mantellu *be –* *rhywbeth* **â** cloak

manylu *be –* **ar** detail, go into details

marinadu *be –* *rhywbeth* **mewn** marinate

marw *be –* **o** die, perish

matsio *be –* *rhywbeth* **â** match

math hwn *eg –* **o**; *–* **ar** kind, sort, type

mechnïo *be –* **dros** go surety (for)

medd *bf –* **wrth** *rywun* says, so says

meddai *bf* – **wrth** *rywun* said, so said

meddu *be* – **ar** own, take possession of

meddwi *be* – **ar** be intoxicated, get drunk

meddyginiaethu *be* – **i** treat

meddylu *be* – **am**; – **uwchben** contemplate, think

meichiau hwn *eg* – **dros** surety

melysu *be* – *rhywbeth* **â** sweeten

mennu *be* – **ar** affect

mentro *be* – **ar** *rywbeth* risk, venture

mesmereiddio *be* – *rhywun* **â** mesmerize

mesur *be* – *rhywun* **am** measure, quantify

mewian *be* – **ar** mew

mewnbynnu *be* – *rhywbeth* **i** input

mewnosod *be* – *rhywbeth* **i** insert, inset

milwrio *be* – **yn erbyn** militate

mingamu *be* – **ar** smile sardonically, smile wryly, smirk

moesymgrymu *be* – **gerbron** bow

mopio *be* – *rhywbeth* **â** mop

mopio *be* – *ei ben/ei phen* **ar** be infatuated

mordwyo *be* – **ar hyd** sail, voyage

myfyrio *be* – **uwchben** contemplate, meditate, ponder

myfyrio *be* – **ar** contemplate, meditate

mynegi *be* – *rhywbeth* **i** *rywun* express, indicate

naddu *be* – *rhywbeth* **o** carve, chip, hew

negodi *be* – **gyda** negotiate

nepell *adf* – **o** far

nerthu *be* – *rhywbeth* **â** strengthen

nes *ardd* – **i** *rywun wneud rhywbeth* till, until

nesáu *be* – **at** approach, draw near

newid *be* – *rhywun* **yn** change

niwtraleiddio *be* – *rhywbeth* **â** neutralize

niwtralu *be* – *rhywbeth* **â** neutralize

noethlymuno *be* – **o flaen** strip

noflithro *be* – **ar** drift

nychu *be* – **yn** rhywle languish

ochrgamu *be* – **heibio** sidestep, dodge

ochri *be* – **â:gyda** side

odli *be* – **â** rhyme

odli *be* – *rhywbeth* **â** rhyme

oelio *be* – *rhywbeth* **â** oil

ofni *be* – **am** ; – **i** *rywun wneud rhywbeth* be afraid, fear

ôl-groesi *be* – *rhywbeth* **â** backcross

ôl-syllu *be* – **ar** view in retrospect

olwyno *be* – **i** wheel

ordeinio *be* – *rhywun* **yn** ordain

osgamu *be* – **heibio** sidestep

osio *be* – **tuag at** tend, tend towards

padio *be* – *rhywbeth* **â** pad

palmantu *be* – *rhywbeth* **â** pave

panelu *be* – *rhywbeth* **â** panel

para *be* – **am** last

paratoi *be* – **am**; – **ar gyfer** prepare

parhau *be* – **am**; – *rhywun* **yn** continue

paru *be* – *rhywun/rhywbeth* **â** pair, match

pasio *be* – **heibio** pass

pastio *be* – *rhywbeth* **wrth** paste

pechu *be* – **yn erbyn** *rhywun* sin

pegio *be* – *rhywbeth* **wrth** peg

peidio *be* – **â** *gwneud rhywbeth* refrain

peledu *be* – *rhywun/rhywbeth* **â** pelt

peltio *be* – *rhywun/rhywbeth* **â** pelt

penderfynol *ans* – **o** *wneud rhywbeth* determined, resolute

penderfynu *be* – *gwneud rhywbeth* decide, determine

pendroni *be* – **dros** ponder, puzzle, ruminate

penlinio *be* – **ar** kneel

penodi *be* – *rhywun* **i, yn** appoint

peri *be* – **i** *rywun wneud rhywbeth*; – **i** *rywbeth* (ddigwydd) cause, induce

perswadio *be* – *rhywun* **i** persuade, coax

perswadio *be* – *rhywun* **o** persuade

perthyn *be* – **i** be related

petruso *be* – **ynghylch** doubt, hesitate, falter

pibo *be* – *rhywbeth* **i** pipe

picio *be* – **heibio** pop by

pinio *be* – *rhywbeth* **wrth** pin

pipo *be –* **ar** peep

plagio *be – rhywun* **am** pester, plague, harry

plastro *be –* **dros** daub, plaster

platio *be – rhywbeth* **â** plate

pledio *be –* **gyda** plead

pledio *be –* **dros**; – **yn erbyn** argue, plead

pleidleisio *be –* **dros**; – **yn erbyn** vote, ballot, poll

plygio *be – rhywbeth* **â** plug

plymio *be –* **i** dive, plummet, plunge

poeni *be –* **am** care, fret, worry

pontifficeiddio *be –* **ar** pontificate

pontio *be –* **rhwng** bridge, span

pori *be –* **yn** browse

posibl *ans –* **i** *wneud rhywbeth* possible, conceivable

pregethu *be –* **ar** destun **i** *rywun* preach

preimio *be – rhywbeth* **â** prime

prepian *be –* **wrth** gossip

preswylio *be –* **yn/mewn** dwell, live, reside

priodol *ans –* **i** *wneud rhywbeth* appropriate, proper, suitable

priodoli *be – rhywbeth* **i** attribute

protestio *be –* **yn erbyn** protest, remonstrate

pryderu *be –* **am** fret, worry

prydferthu *be – rhywbeth* **â** adorn, beautify

prynu *be – rhywbeth* **oddi wrth** *rywun* buy, purchase

prysuro *be –* **i** hasten, hurry

puro *be – rhywbeth* **â** purify, cleanse, refine

pwrcasu *be – rhywbeth* **gan** *rywun* **i** *rywun* purchase

pwtian *be – rhywun* **â** nudge, poke

pwyntio *be –* **at** point

pwytho *be – rhywbeth* **â** sew, stitch

pylori *be – rhywbeth* **â** pulverize

pysgota *be –* **am** fish, angle

pyslo *be –* **uwchben** puzzle

rasio *be –* **o** rywle **i** rywle race, speed

ratlo *be –* **yn erbyn** rattle

riteirio *be –* **o** retire

rhag *ardd –* **i** lest

rhagdalu *be –* **am** prepay

rhagor hwn *eg –* **o** more

rhagori *be –* **ar** excel, outdo

rhagori *be –* **ar** excel, surpass

rhagrybuddio *be – rhywun* **o** forewarn

rhaid hwn *eg –* **i** *rywun wneud rhywbeth* necessity

rhannu *be – rhywbeth* **â** divide, part

rheswm hwn *eg –* **am, dros** cause, reason

rhidyllu *be – rhywbeth* **drwy** riddle, sift, sieve, pan

rhithio *be – rhywbeth* **o** conjure

rhodianna *be –* **ar hyd** stroll

rhoi *be – rhywbeth* **i** *rywun* give

rhoi *be – rhywbeth* **i**; – **at** *rywbeth*; – *rhywbeth* **yn** e.e. anrheg give, present

rholio *be* – **i lawr** roll

rholio *be* – **i fyny** roll

rhuthro *be* – **o** rywle **i** rywle rush, dash, career

rhwydo *be* – *rhywbeth* **yn** net, snare

rhwym *ans* – **o** bound to, have to

rhwymo *be* – *rhywbeth* **â**; – *rhywun/rhywbeth* **wrth** bind, tie

rhwystro *be* – *rhywun/rhywbeth* **rhag** hinder, prevent, frustrate

rhybudd hwn *eg* – **o** warning

rhybuddio *be* – *rhywun* **rhag** warn, caution, alert

rhyddhau *be* – *rhywun/rhywbeth* **o**; – *rhywun/rhywbeth* **rhag** free, loosen, release

rhyfeddol *ans* – **o** wonderful, phenomenal

rhyfeddu *be* – **at** amaze

rhyfela *be* – **yn erbyn** wage war

rhygnu *be* – **ymlaen** harp on

rhythu *be* – **ar** stare

sangu *be* – **ar** tread

sarnu *be* – *rhywbeth* **dros** trample

sathru *be* – **ar** crush, trample, tread

sawru *be* – **o** smell

secondio *be* – *rhywun* **o** rywle **i** second

sefyllian *be* – **o gwmpas** dawdle, dilly-dally, loiter

seiclo *be* – **o** rywle **i** rywle bicycle, cycle

seiliedig *ans* – **ar** based

seilio *be* – *rhywbeth* **ar** base

sêl hon *eb* – **dros** zeal, ardour

selio *be* – *rhywbeth* **â** seal

serch hwn *eg* – **at** love, affection

serio *be* – *rhywbeth* **ar** cauterize, sear

sgipio *be* – **dros** skip

sglefrio *be* – **ar** skate

sgrafellu *be* – *rhywbeth* **â** scrape

sgrechain *be* – **ar** scream, screech, shriek

sgriblan *be* – *rhywbeth* **ar** scribble

sgriwio *be* – *rhywbeth* **wrth** screw

sgrolio *be* – *rhywbeth* **i fyny/i lawr** scroll

sgwrio *be* – *rhywbeth* **â** scour

sianelu *be* – *rhywbeth* **drwy** channel

siarad *be* – **â** *rhywun* **am** *rywbeth* speak, talk, converse

siario *be* – *rhywbeth* **â** share

siarsio *be* – *rhywun* **i** warn, charge

sicr *ans* – **o** certain, sure

sicrhau *be* – *rhywbeth* **wrth** fasten, fix

sigo *be* – **dan** buckle, sag

siopa *be* – **am** shop

sisial *be* – **wrth** whisper

siwio *be* – *rhywun* **am** sue

sledio *be* – **lawr** sledge

soddi *be* – *rhywbeth* **yn** submerge

sôn *be* – **wrth** *rywun* **am** *rywbeth* mention, tell

sorri *be* – **wrth** be in a huff, pout, sulk, take offence

stampio *be* – **ar** stamp

stensilio *be* – *rhywbeth* **ar** stencil

strapio *be* – *rhywbeth* **wrth** strap

streicio *be* – **yn erbyn** strike

stwffio *be* – *rhywbeth* **â** stuff

stwffio *be* – *rhywbeth* **i** stuff, cram, push

suoganu *be* – **i** hum, sing a lullaby

switsio *be* – *rhywbeth* **arno**; – *rhywbeth* **i ffwrdd** switch

sychedu *be* – **am** thirst

sychu *be* – *rhywbeth* **â** wipe

sylfaenu *be* – *rhywbeth* **ar** base, found

sylwebu *be* – **ar** commentate

sylwi *be* – **ar** observe, note, notice

syllu *be* – **ar**; – **i** stare

symbylu *be* – *rhywun* **i** encourage, stimulate, motivate

syndod hwn *eg* – **o** surprise, amazement

synfyfyrio *be* – **uwchben** contemplate, meditate, muse

synnu *be* – **at** surprise, amaze, astonish, be amazed

syrffedu *be* – **ar** be fed up, surfeit

tacio *be* – *rhywbeth* **wrth** tack

tadogi *be* – *rhywbeth* **ar** attribute, ascribe

taenellu *be* – *rhywbeth* **â** ; – *rhywbeth* **ar** sprinkle

taenu *be* – *rhywbeth* **â** ; – *rhywbeth* **ar** spread, sprinkle

taflunio *be – rhywbeth* **ar** project

tagu *be – rhywun* **â** choke, strangle, throttle

talu *be – rhywbeth* **i** *rywun* **am** *rywbeth* pay

tanysgrifio *be –* **i** subscribe

tapio *be – rhywbeth* **ar** tape-record

tarfu *be –* **ar** interrupt, scare, scatter, disrupt

tasgu *be –* **dros** splash

tebyg *ans –* **i** *rywun/rywbeth* like, similar, akin

tebyg hwn *eg –* **o** *wneud rhywbeth* likelihood

tecstio *be – rhywbeth* **at** *rywun* text

teilwng *ans –* **o** deserved, deserving, worthy

temtio *be – rhywun* **i** tempt

tendio *be –* **ar** tend

tendro *be –* **am** tender

termo *be – rhywun* **am** scold

teyrnasu *be –* **dros** reign

teyrnasu *be –* **ar** rule, reign

tirion *ans –* **wrth** gentle

tocio *be –* **ar** clip, trim, prune

tolach *be –* **â** fondle

tolio *be –* **ar** stint, save

tollti *be – rhywbeth* **dros** pour

torri *be –* **ar** cut

tosturio *be –* **wrth** pity

tra-arglwyddiaethu *be –* **ar** tyrannize, dominate, domineer

traethu *be* – **ar** *rywbeth*; – **i** *rywun* speak, relate, preach

trafod *be* – *rhywbeth* **â** *rhywun* negotiate

tramgwyddo *be* – **yn erbyn** offend

trawsffurfio *be* – *rhywbeth* **o** *rywbeth* **yn** transform

treiddio *be* – **i** ; – **at** penetrate

treillio *be* – **am** trawl

tremio *be* – **i** gaze, look

trigfannu *be* – **yn** dwell

troi *be* – **yn** ; – *rhywun/rhywbeth* **yn** turn

troseddu *be* – **yn erbyn** commit an offence, offend

trosglwyddo *be* – *rhywbeth* **o** rywle **i** transfer

troshaenu *be* – *rhywbeth* **â** overlay

trugarhau *be* – **wrth** *rywun* have mercy upon

trwco *be* – *rhywbeth* **am** swap, exchange, barter

trwyddedu *be* – *rhywun* **i** license

trwytho *be* – *rhywbeth* **yn** saturate, steep

tueddol *ans* – **o** *wneud rhywbeth* inclined, liable, susceptible

tueddu *be* – **i** *wneud rhywbeth*; – **at** *rywun/rywbeth* be inclined to, tend to

twnelu *be* – **tan** tunnel

twsian *be* – **dros** sneeze

tyfu *be* – *rhywun/rhywbeth* **yn** grow

tynghedu *be* – **i** be destined, be fated

tyngu *be* – **i** Dduw; – **wrth** *rywbeth* swear

tyner *ans* – **wrth** gentle, tender

tynhau *be* – *rhywbeth* **â** tighten

tynnu *be* – *rhywbeth* **oddi am** strip, take off

tyrru *be* – **ynghyd** cluster, crowd together, flock

tystio *be* – **i** *rywbeth* testify, witness

ufudd *ans* – **i** obedient, dutiful

ufuddhau *be* – **i** obey, comply

uniaethu *be* – **â** identify with

uno *be* – *rhywbeth* **â** amalgamate, join, unite

urddo *be* – *rhywun* **yn** dub, invest, ordain

uwchlaw *ardd* – **i** *rywun neu rywle* above

weindio *be* – *rhywbeth* **o gwmpas** wind

weirio *be* – *rhywbeth* **wrth** wire

weldio *be* – *rhywbeth* **wrth** weld

wincian *be* – **ar** wink

wrth *ardd* – **i** *rywun wneud rhywbeth* while

wylo *be* – **dros** cry, weep

ychwanegol *ans* – **at** extra, additional, added

ychwanegu *be* – *rhywbeth* **at** add, augment, supplement

ychydig hwn *eg* – **o** few

ynghlwm *adf* – **wrth** bound, tied up

ynghyd *adf* – **â** together

ynglŷn *adf* – **â** about, concerning, regarding

ymadael *be* – **â** depart, leave

ymaddasu *be* – **â** acclimatize

ymaelodi *be* – **â** become a member, join

ymaflyd *be* – **yn** seize, take hold

ymagweddu *be* – **at** take an attitude

ymatal *be* – **rhag** *rhywbeth/gwneud rhywbeth* refrain, restrain oneself

ymateb *be* – **i** respond, react

ymbalfalu *be* – **am** fumble, grope

ymbaratoi *be* – **am** prepare oneself

ymbellhau *be* – **oddi wrth** distance oneself, move away (from)

ymbesgi *be* – **ar** get fat

ymbil *be* – **ar** *rywun* **am** *rywbeth* **dros** *rywun* beg, entreat, plead

ymbleseru *be* – **yn/mewn** delight, indulge

ymboeni *be* – **am** worry oneself

ymborthi *be* – **ar** feed, feed oneself

ymchwilio *be* – **i** explore, investigate, research

ymdaenu *be* – **dros** blanket

ymdebygu *be* – **i** grow alike, resemble

ymdeimlo *be* – **â** feel, sense

ymdopi *be* – **â** cope, manage

ymdrechu *be* – **i** endeavour, strive

ymdrin *be* – **â** treat, deal

ymdrybaeddu *be* – **mewn** wallow

ymdynghedu *be* – **i** vow

ymddangos *be* – **yn**; – **i** *rywun* seem, appear

ymddarostwng *be* – **i** humble oneself

ymddiddan *be* – **â** *rhywun* **am** *rywbeth* converse, chat

ymddiddori *be* – **yn** take an interest in

ymddiried *be* – **yn**; – *rhywbeth* **i** *rywun* trust, entrust

ymddynesu *be* – **at** draw near

ymfalchïo *be* – **yn** pride oneself, take pride in

ymfudo *be* – **i** emigrate

ymffrostio *be* – **yn** boast, brag

ymgadw *be* – **rhag** *rhywbeth/gwneud rhywbeth* abstain, refrain

ymgartrefu *be* – **yn** live, settle in

ymgeisio *be* – **am** apply

ymgiprys *be* – **am** struggle, tussle, vie

ymglywed *be* – **â** feel, feel inclined, sense

ymgodymu *be* – **â** wrestle, grapple

ymgordeddu *be* – **yn** entwine, twist

ymgroesi *be* – **rhag** cross oneself

ymguddio *be* – **rhag** hide, hide oneself

ymgydio *be* – **â** copulate

ymgyfamodi *be* – **i** commit oneself to

ymgyfarwyddo *be* – **â** familiarize, familiarize oneself

ymgyfathrachu *be* – **â** have dealings with

ymgyfnewid *be* – **â** interchange

ymgyffelybu *be* – **â** compare oneself

ymgynghori *be* – **â** consult, confer

ymgynghreirio *be* – **â** ally oneself with

ymgymryd *be* – **â** undertake

ymgynefino *be* – **â** get used to

ymgynnig *be –* **am** put oneself forward

ymgyrchu *be –* **dros/o blaid/yn erbyn** campaign

ymgysegru *be –* **i** consecrate oneself

ymgysuro *be –* **yn** take comfort

ymgysylltu *be –* **â** *rhywun/rhywbeth* engage

ymhél *be –* **â** meddle, tamper

ymhelaethu *be –* **ar** elaborate, expand upon

ymhell *adf –* **o** far, afar

ymholi *be –* **am** enquire

ymhyfrydu *be –* **yn** delight in, revel

ymladd *be –* **â** *rhywun* **am** *rywbeth*; – **dros**; – **yn erbyn** fight, combat

ymlawenhau *be –* **yn** rejoice

ymlynu *be –* **wrth** adhere

ymneilltuo *be –* **i** retire, withdraw

ymnesáu *be –* **at** draw near

ymochel *be –* **rhag** shelter

ymochri *be –* **â** align oneself with

ymoddef *be –* **i** connive

ymorol *be –* **am** seek

ymosod *be –* **ar** attack, assault, assail

ymrestru *be –* **â** enlist, enrol

ymresymu *be –* **â** *rhywun* reason

ymroi *be –* **i** *wneud rhywbeth* devote

ymrwymo *be –* **i** bind, commit oneself

ymryson *be* – **â** compete, contest, contend

ymserchu *be* – **yn** fall in love

ymuno *be* – **â** join, join in

ymwadu *be* – **â** renounce

ymwahanu *be* – **â** separate

ymweld *be* – **â** call, visit

ymwneud *be* – **â** concern, do with

ymwneud *be* – **â** concern, pertain

ymwrthod *be* – **â** abstain, resist, reject

ymwthio *be* – **i** intrude

ymylu *be* – **ar** be close (to), border on

ymyrryd *be* – **â** interfere, intervene, intrude, meddle

ynydu *be* – **i** initiate

ynysu *be* – *rhywun/rhywbeth* **rhag** isolate, maroon

ysbïo *be* – **ar** spy

ysgeintio *be* – *rhywbeth* **ar hyd** sprinkle, spray

ysgogi *be* – *rhywun/rhywbeth* **i** motivate, stimulate, stir

ysgrafellu *be* – *rhywbeth* **â** scrape

ysgrifennu *be* – **at** *rywun* write, write down

ysgubo *be* – *rhywbeth* **i ffwrdd** sweep, brush

ysgubo *be* – **heibio** sweep, whisk

ysgyrnygu *be* – **ar** snarl

ysgythru *be* – *rhywbeth* **ar** engrave, etch

ysu *be* – **am** crave, yearn

yswirio *be* – *rhywun/rhywbeth* **am**; – *rhywun/rhywbeth* **ar gyfer** insure

Hefyd o'r Lolfa

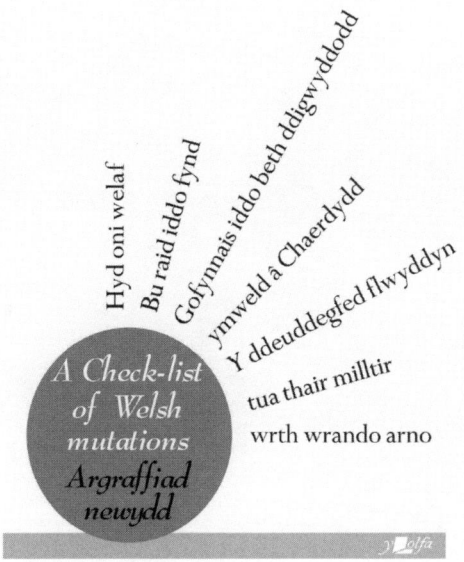

£8.99

£6.99

£9.99

Y GEIRIAU LLETCHWITH

D. Geraint Lewis

gennyf fi
ganddo ef
ganddi hi
cwyn...gŵyn
glöyn...gloÿnnod
taro...trawaf
gwlyb...gwlyped

A check-list of irregular word forms & spelling

Gomer

£5.95